天生壞種，還是後天養成？
犯罪心理學 × 神經科學 × 精神分析，直擊潛伏在人群中的病態人格

關鍵報告
殺人腦
可以被預測

韓國 N 號房事件的變態操控、神戶少年分屍的病態快感、美國校園槍擊的血腥復仇……
他們的大腦和心理究竟出了什麼問題？

天生基因？還是錯誤教養？又或者是一段被壓抑的童年創傷？
分析犯罪背後的心理成因，一場結合心理學與神經科學的腦內剖析

劉建清 著

目錄

序言 　　　　　　　　　　　　　　　　　　　　　　　007

天生犯罪人：神經犯罪學的探索與爭議　　　　　　　015

本能與犯罪：性愛本能與潛意識的驅使　　　　　　　029

神祕的犯罪情結：愛恨交加的欲望　　　　　　　　　039

掠奪性犯罪人：冷血捕食者的進化本性　　　　　　　047

低安靜心率：預示暴力傾向的生理訊號　　　　　　　059

青春期犯罪人：狂妄冒險的青春期危機　　　　　　　067

ADHD：神經發育缺陷與青少年犯罪　　　　　　　　079

校園暴力：壓抑憤怒的瘋狂反撲　　　　　　　　　　089

高中生弒母：壓抑憤怒的火山爆發　　　　　　　　　103

目錄

少年的情緒化反抗：自尊極致化與英雄主義迷思　　109

親生母親虐待親生女兒：情感創傷的病態宣洩　　115

犯罪實驗：權力、服從與集體瘋狂　　121

天才的瘋子：反社會人格者的狂歡　　135

強姦：性慾背後的暴力宣洩　　145

戀童癖犯罪者：性慾倒錯的惡魔　　157

怪癖的犯罪人：從隱僻到致命偏執　　165

縱火犯罪人：焚燒內心慾望的極端釋放　　175

測謊技術：看破謊言的心理偵查術　　183

犯罪心理側寫：描繪犯罪者的心理輪廓　　195

投毒者的心理側寫：不動聲色的隱密殺手　　207

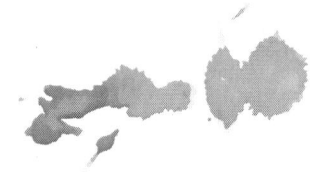

復仇的自殺者：同時毀滅他人與自己　　　　　　215

目擊證言的可靠性：親眼所見未必真實　　　　　　221

溫和偵訊：心理攻防的策略與較量　　　　　　　　233

犯罪風險評估與處置：預知潛在的犯罪者　　　　　257

弒母：潛藏在親情下的精神病態殺機　　　　　　　273

弒妻七宗罪：嫉妒與病態控制的殺意之源　　　　　281

狂暴的殺人者：家庭暴力的禍根　　　　　　　　　293

開膛手傑克：標準的冷血殺手　　　　　　　　　　301

愛德華大夫：情慾失序與犯罪本能　　　　　　　　309

邦迪：英俊面具下的冷血殺人狂　　　　　　　　　315

貓鼠遊戲：高智商、高情商的犯罪　　　　　　　　323

目錄

窺探：潛藏於病態人格的極致危機　　　329

附錄　犯罪風險：犯罪傾向指數檢測　　　337

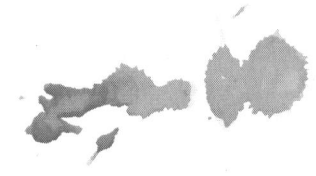

序言

　　大家對犯罪心理學的印象，可能大多是來自電影、電視劇中的情節和人物，如電影《沉默的羔羊》(The Silence of the Lambs)中那個精神病態的心理醫生，電視劇《犯罪心理》(Criminal Minds)中神奇的心理專家。當然，大家還會聯想到現實中的某起案件，尤其是這些案件中殘忍的犯罪者。

　　那麼，犯罪心理究竟是什麼？

　　犯罪心理就是犯罪人內心存在的犯罪動機與犯罪人格，其中的犯罪人格是指驅動犯罪人實施犯罪行為的認知、情感及外顯的行為傾向。犯罪心理學是犯罪學與心理學相結合的邊緣學科，是研究犯罪心理、犯罪行為與犯罪心理對策的應用學科。

　　在眾多研究犯罪現象的學科中，犯罪心理學是其中之一。

　　自奧地利犯罪學家、法學家漢斯·格羅斯（Hans Gross）西元 1897 年創立犯罪心理學學科以來的一百多年裡，出現了許多犯罪心理學理論，如精神病理學、犯罪進化論、精神分析、行為主義、人格主義、神經犯罪學等，並已經廣泛而富有成效地應用於打擊犯罪的司法活動。這些理論從不同角度

序言

揭示了犯罪動機的形成,以及各種犯罪人的精神面貌、行為特徵。

我在三十年的犯罪心理學專業教學與科學研究工作中,在與 27 萬網路課程學員的線上交流、互動中,自然地對於犯罪現象及犯罪人的特殊心理,從感性、理性上得到一些理解和感悟。

第一,在這個世界上,確實存在一些邪惡的犯罪人:在明處的或在暗處的,你注意到的或沒有注意到的,他們都在那裡蠢蠢欲動。無論是有預謀的犯罪還是衝動的犯罪,它們都會確定無疑地對社會及他人帶來傷害。而且,是少數的犯罪人做了大部分的壞事。所以,我們有必要去了解、去研究這些特定族群特殊的心理狀態。

第二,先有犯罪心理的存在,才有犯罪行為的發生。犯罪心理是客觀存在的,是與社會規則強烈對抗的,也是隱蔽的。只有透過客觀而可見的犯罪行為才能發現犯罪心理的具體存在及其特徵。犯罪心理深藏不露,它是犯罪行為發動的內在起因,是犯罪的動力系統。沒有犯罪心理,就不會有犯罪行為的發生。雖然一種犯罪心理可能有多種犯罪行為的具體表現,但是犯罪心理與犯罪行為在本質上具有一致性的內在連繫。

第三,在犯罪心理產生的深層次原因中,一個人天生的

生物特性和後天的生活環境與犯罪行為之間有緊密的互動作用。其中，諸如犯罪基因、神經遞質異常、神經功能異常、染色體異常、性激素異常、物質代謝異常、ADHD（注意力不足過動症）等先天因素，是當代神經犯罪學研討的核心；而在後天環境因素中，諸如早期創傷性經歷、錯誤的教養方式（溺愛、放任、打罵教育）以及青春期危機、重大生活事件的影響力成為關注焦點。但是，對某一個具體的犯罪人來說，不利的先天因素與後天的生活環境對於犯罪行為的作用力度是不同的。

第四，精神分析的理論在深度解析犯罪心理時具有獨特的作用。雖然潛意識犯罪動機、性本能、人格的衝突及心理創傷、自罪動機、自我防禦機制這些概念神祕且晦澀難懂，但是，它們在解析諸如病態的性犯罪、人格障礙犯罪中是極具價值的理念與方式。此外，神經犯罪學是在當代基因技術、腦電技術及精神病理診斷等技術支援下犯罪心理探索的尖端領域，具有典型的科學實證主義的特徵，也是犯罪心理學走向科學主義的必經之路。

第五，犯罪心理學探討極端的，甚至變態的犯罪心理。正如犯罪心理學開創之初的取向一樣，其重點在於研究性變態、人格障礙、精神病人的違法犯罪行為產生的深層次起因及其特徵。不僅如此，它還研究眾多其他類型的犯罪心理，如常態下的暴力犯罪（掠奪性與情緒性暴力）、性侵害（性慾

序言

動機與非性慾動機)、青少年犯罪(青春期有限型與終身持續型)、女性犯罪(情感動機、色情與依從性、掩飾性)、群體犯罪(結夥犯罪、集團犯罪與組織犯罪)等。

　　第六,犯罪心理學著力於一系列應用技術。犯罪心理學為實現其打擊犯罪、預防犯罪、罪犯矯正的學科使命,特別研發了相應的犯罪心理策略與技術,如犯罪心理測試技術(測謊術)、犯罪心理側寫技術、危機談判技術、偵查與偵訊技術、罪犯心理矯正技術,以及時下正熱門的以人工智慧、大數據運算為基礎的危險性評估技術(如情感運算技術)。這些實用技術猶如高懸在犯罪人頭頂的達摩克利斯之劍,為刑事司法實踐提供了強而有力的技術支援。

　　第七,犯罪心理學的知識是理性與感性的結合,是人類智慧的集中展現。我們研究犯罪人及犯罪心理,需要科學實證精神,也需要從進化和社會現實的角度對人性進行深刻思考和深入體驗。只有從科學與情感相結合的視角切入,才能全面而準確地看清楚人類中的這些特殊群體。

　　在犯罪心理學演化與發展的一百多年的歷史中,有許多的學說與理論,它們彷彿從不同角度去窺視一個漆黑昏暗的房子,對於了解黑房子中的細節都具有一定的價值,是我們全面解析犯罪人心理的一把把智慧的鑰匙。

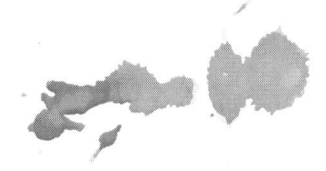

　　犯罪人是實施了犯罪行為，危害了社會，社會應當對其採取矯治措施的人。我們分析各種犯罪人的時候，從犯罪警示、犯罪預防的角度看，此時的犯罪人也會指向虞犯（較可能犯罪的人）、高風險犯罪人等潛在犯罪人。犯罪現象林林總總，有預謀的、衝動的，也有掠奪性的、情緒反應性的。但是，所有的犯罪行為對於常人來說都是瘋狂造次之舉。同時，犯罪現象中的關鍵因素——犯罪人在實施犯罪行為之前、之中、之後，多數情況下又是清醒的、冷靜的（即使是衝動性犯罪也有短暫的冷靜期，而非完全的情緒衝動表達），其犯罪行為也是在他們自己的心智範圍之內「精心策劃」（至少是犯罪人自以為是的「精心策劃」）的。如此，他們似乎又都是理性的犯罪者，並且還持有不同程度的「犯罪合理」的邏輯。在本書解析的這些犯罪人中，既有狂妄凶狠的習慣性犯罪人，也有在特定情境下或者特定事件中突變的情緒性犯罪人，更有以反社會人格、精神病態為典型代表的掠奪性犯罪人（也是做了較多壞事的邪惡少數人）。他們可能戴著不同的人格面具，在個人欲望的驅使下實施各式各樣的罪惡行為。只有層層揭開他們用於偽裝的人格面具，我們才能看清楚這些犯罪人的本來面目。

　　本書以犯罪心理學的系統結構為藍圖，選擇具有學科特殊性的知識點展開。

序言

具體而言,本書內容包括以下幾方面。

- 神經犯罪學指向:天生犯罪人爭議與探索性證據、低安靜心率與越軌犯罪、ADHD與青少年品行障礙。
- 精神分析指向:性本能犯罪人、神祕的犯罪情結。
- 暴力犯罪指向:掠奪性暴力與情緒性暴力。
- 性犯罪指向:性慾動機與病態動機。
- 青少年犯罪指向:青春期危機犯罪人、校園暴力、自卑——憤怒攻擊。
- 女性犯罪指向:致命的情感誘惑、情感創傷。
- 群體犯罪指向:權力服從實驗與模擬監獄實驗。
- 變態犯罪指向:天才與瘋子、精神病態、戀童癖、怪癖型犯罪。
- 犯罪心理對策指向:測謊術、心理側寫技術與證言可靠性評估技術、危險性評估技術。
- 典型案例分析指向:弒母案、「開膛手傑克」案、邦迪案、貓鼠遊戲案等。

本書的寫法：案例－解析－啟示

本書以典型案例為引導，對其中的犯罪人及其犯罪行為進行專業的心理解析，歸納對應的關鍵知識點，並指出這些行為特徵帶給人們的警醒和啟示：例如辨識潛在犯罪人、預防犯罪、打擊犯罪，遠離犯罪風險，防範潛在犯罪動力向現實犯罪行為的轉化。

只有真正了解犯罪人內在的心理特徵，知曉他們想從犯罪行為中得到什麼，才能更易於掌握其犯罪行為的規律，才能打擊犯罪、改造罪犯和預防犯罪，也才能更加保護自己和家人。

劉建清

序言

天生犯罪人：
神經犯罪學的探索與爭議

天生犯罪人：神經犯罪學的探索與爭議

我們經常聽人說：某某人天生麗質、冰雪聰明；某某人真是心地善良的好人！同時，我們也可以反向地想一想，有沒有天生陰險、邪惡的壞人呢？

這就是犯罪心理領域長期以來的一個尖銳的話題：天生犯罪人！

如果有人說：某某人出生時，彷彿嘴裡含著「子彈」，他的眼神中自然地帶著幾分陰冷、豪橫和戾氣，將來必定對別人帶來凶險，甚至可能就是一個天生的變態狂。

對此，你相信嗎？

我們先來看一個典型的例子：一個天生變態狂的真實故事。

美國當代一位小有成就的生物學家詹姆斯·法隆（James H. Fallon），是美國加州大學爾灣分校的一位教授，是神經科學的權威學者。2005年，他被《華爾街日報》評選為十年來最有成就的神經科學家。

三十多年來，詹姆斯·法隆利用新的生物技術，即腦電圖與正電子斷層掃描技術（EEG、PET）來研究神經功能異常和精神疾病的關係，如阿茲海默症、精神分裂症的神經機制。後來，他又轉向研究某些殺人犯的極端暴力行為的腦神經機理。經過多年的研究，他發表了很多篇為學術界認可的專業論文，其理論也得到學術界普遍的認同。

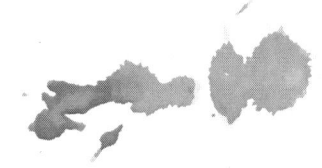

2005年,他以這些科學研究成果為基礎在矽谷創立了三家生物製藥技術公司(研究精神藥物),都取得了不俗的成績。

也正是在這一年,為了獲得更多的正常對照組的資料,也是出於某種好奇,他檢測了自己家人的腦電圖,包括妻子、兒女、兄弟與自己等六個人的。檢測結果出來,法隆大吃一驚:他自己的腦電圖和殺人犯的腦電圖如出一轍!經過多次檢測後,結果都是一樣的。

他驚愕地問自己,這是怎麼一回事?難道是自己原先的理論有問題?不會啊,幾十年的資料都支持自己的理論啊!他就問同事:「說實話,你們覺得我是一個不正常的人嗎?」看他問得如此真誠,一個同事回答道:「說實在的,我們一直都覺得你有點像瘋子!不懂人情,我行我素,有時做事很不按牌理出牌!」

他聽後很是震驚,但還是有些遲疑。他又趕緊回家問他的媽媽:「你覺得我從小到大有哪裡不對勁嗎?」他媽媽說:「有的,有很多地方!比如雖然你在學業上一直非常優秀,但是,從小學到高中,都沒有一個願意與你玩的同伴!因為,你絕大多數時間裡只是關心自己,對別人都是冷冰冰的。」看著他驚愕的表情,他的媽媽給了他一本傳記體小說《離奇凶案》,還說「答案就在其中」!

這本書記載了一起鮮血淋漓的案件：一個叫莉茲‧博登（Lizzie Borden）的女人非常陰險且殘忍地殺害了她的親生父親與繼母。而且，這個家族在 400 多年的歷史中，演化出兩個分支：一支有較多的血案，被揭露出很多人是殺人犯。殺害父母雙親，兄弟間反目成仇、相互殘殺的事件，幾乎在這個家族的每代人當中都有上演。而另一支，則有較多的拋棄妻兒的流氓惡棍。

　　法隆疑惑地問道：這，與我有什麼關係？

　　他媽媽說道，這就是你的家族！血腥的康乃爾家族！那個女殺人犯博登實際上就是你的表姐；你的一個父系先輩湯瑪斯‧康乃爾也是因為殘忍地殺害父母而被處決的。你的祖輩中就有在「二戰」中夥同手下士兵一起殺害猶太人的，還有強姦修道院修女的！當然，康乃爾大學，常春藤聯盟的康乃爾大學也是你的先輩埃茲拉‧康乃爾（Ezra Cornell）與學者懷特（Andrew Dickson White）在西元 1865 年共同創立的。也就是說，你的家族既是一個血腥的家族，也是一個很有成就的家族！

　　聽了這個故事，詹姆斯‧法隆還是半信半疑。

　　他問道：「但是，為什麼，我沒有成為犯罪者——殺人犯或者流氓惡棍？」他媽媽開玩笑地回答道：「可能是因為我們全家都寬容待你、支持你，激發了你對科學的興趣，你的攻擊性能量都用到了科學研究的領域吧！」

此時,將信將疑的他,趕緊做了一個基因測定,發現自己確實有一項基因缺陷:他存在著攻擊性很強的戰鬥者基因(Warrior Gene,俗稱「犯罪基因」)。

這也就是說,即使依據他人的理論,也證明了自己就是一個天生的變態狂,他的大腦機制與殺人犯的大腦機制高度相似。

研究了70多個殺人狂的他,居然發現自己就是天生變態狂族群中的一員,他自己從研究的對照組直接轉到了實驗組。這好像是一個冷笑話!但這就是客觀的事實!

後來,他還參加了許多電視專題節目,現身說法,宣傳自己的學術觀點;他還在美國熱門電視劇《犯罪心理》第五季中,本色演出了天生變態狂的角色。

那麼,法隆關於暴力犯罪的神經學觀點具體是什麼?

我們知道,人是進化而來的,神經系統制約著人的心理與行為。

人的神經系統大致分為大腦皮質與皮質下功能區:大腦皮質是人類智慧的中心,其中前額葉是近10萬年前進化出來的高階功能區。人的前額葉占大腦皮質的33%,而其他靈長類動物的前額葉占大腦皮質的17%,哺乳動物的前額葉僅占大腦皮質的7%。皮質下的邊緣系統則是歷經幾百萬年、幾千萬年演化而來的功能中心,是自動化的本能驅動的中心。

天生變態狂的神經系統是什麼狀態呢？研究顯示，天生變態狂的神經系統呈現兩強兩弱的基本狀態。

這些人——

第一，動物本能強烈，這是邊緣系統的功能，是演化而來的本能。這也是人類和其他高等動物相似的本能，如有強烈的貪婪、性衝動、嫉妒感和仇恨之心；但是，這些人的杏仁核功能活性很低。

杏仁核是邊緣系統的一個重要組織部分，是人的恐懼中心。杏仁核在人出生幾個月後就開始運作了，到80歲時功能還很強大。這說明它在人的進化過程與個體生命歷程中非常重要。如果杏仁核功能存在缺陷，就會導致這類人在面對危險情景時，產生很弱的恐懼感，甚至沒有恐懼感。

第二，前額葉是人類的智慧中心，是分析－謀劃的中心。天生變態狂的前額葉（外側部）高階認知功能好，具體表現為這種人很聰明。

如果前額葉發育存在問題，尤其是眶額部存在低活性的問題，就會產生重大的情感或者道德方面的障礙。眶額部大概在前額葉的下部，它是人的道德高階情感中心。這種高階情感是人區別於其他高等動物的核心功能，展現為人具有明確的慈悲憐憫之心。相應地，如果眶額部存在低活性，那麼個體的慈悲憐憫之心自然就很弱。

也就是說，這種人有強烈的本能衝動，有高智慧能力的支持，但是沒有道德感的約束，也沒有基本的恐懼感與悲憫之心。那麼，這樣的人是不是很危險呢？

也可以說，這種被稱為天生變態狂的人，似乎出生時就自帶邪惡的力量，彷彿出生時嘴裡含有子彈：他的衝動性、攻擊性都很強，而同理心卻較差；當自身的目標行為遇到外界阻礙力量時，他就傾向於立刻清除障礙！讓人害怕的是，這種人的智力大多還處在中上水準。

法隆在他媽媽的提醒下，對天生變態狂的理論進行了修正：犯罪動力的四要素（兩強兩弱）和一個保護因子（作為理論的補丁）。這個保護因子是指親密關係的愛、正向的情感能夠抑制邪惡的動力，讓強烈的貪念不至於表達為犯罪行為！

也就是說，這種人如果指向犯罪行為，多數是成功的犯罪者！

但是，這種力量並不一定會導致現實的犯罪行為，這種強烈的攻擊性也可能轉化為一種強烈的進取心，並促使他在其從事的領域──多數是挑戰性高的領域──取得成功，這是因為他可能沒有太多的自我限制，可以不顧一切地完成任務、達成目標。

其實，天生犯罪人理論的鼻祖是義大利犯罪學家龍布羅梭（Cesare Lombroso）。

天生犯罪人：神經犯罪學的探索與爭議

龍布羅梭，猶太人，是義大利 19 世紀精神病學家、犯罪人類學家。他在擔任軍醫、精神病院院長與監獄醫生期間，觀察測量了 3,000 多名精神病人、殺人犯的人體，並解剖了一些殺人犯。他發現這些人要麼尖嘴猴腮，要麼滿臉橫肉，十分嚇人。他還發現這些人具有平常人沒有的一些生理與心理特點，如膚色較深，前額扁平、眉骨隆起、眼窩深陷，視力較好、對痛覺不敏感，很迷信，懶惰成性，沒有基本的羞恥感。

直到解剖了當時義大利惡名昭彰的強盜首領的頭顱後，龍布羅梭驚呼到：他們為什麼會犯罪，彷彿是朗朗天空中的火焰那麼明顯啊！

他提出的天生犯罪人理論主要包括以下內容：

(1) 犯罪人是變種的人，是生活在現代社會中的原始人！

(2) 犯罪是原始返祖現象。也就是說，他們是天生的犯罪人！

他將犯罪人分為四類：天生犯罪人、激情犯罪人、精神病犯罪人與機會犯罪人。

其中，天生犯罪人占 66%。西元 1893 年，龍布羅梭將這一比例修正為 33%。

而且，犯罪具有遺傳性。如果犯罪家族相互結合，就會

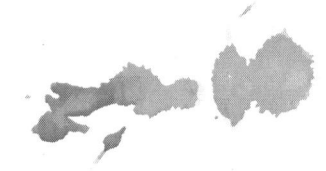

大大增加家族成員的犯罪性。

後來美國犯罪學學者對 KALIKAKO、JUKE 這些所謂犯罪家族的研究,都基本上證實了犯罪性在家族中存在遺傳性的這一觀點。

此學說一經提出,就受到一般大眾與學者的猛烈批評與強烈反對,他們認為這是宿命論與承認人種優劣的反動學說。順便說一下,龍布羅梭是猶太人,但是他的學說後來被德國納粹利用,成為發動戰爭的優生學的基礎。

另一方面,龍布羅梭的著作《犯罪人論》(*On Criminal Man*),西元 1876 年出版時只有 252 頁,到西元 1895 年第五版時,已經擴充到了 1,908 頁。可以看出,這種觀點至少在當時是很有衝擊力的,也是很有市場的。

同時,龍布羅梭的這種假說也激起了生物學家、精神病理學家對犯罪現象的研究,如遺傳學的雙生子研究,體型、血型、激素、染色體異常(XYY 型超雄症候群)與犯罪行為關係的研究。但是,因為受到當時研究技術與證據可靠性的限制,這些學說都如曇花一現,並沒有被學術界與司法界普遍接受。

時間飛逝,100 多年之後,情況有什麼變化呢?

1990 年代以來,在新技術的支援下,學界重新激發了犯罪遺傳說的研究,其中最有挑戰性的概念就是上面案例中提

到的戰鬥者基因、犯罪基因。

1978 年，荷蘭的一名家庭婦女找到奈梅亨大學的醫生布倫納（H. Brunner），她來諮詢家族健康問題。因為她家族中的許多男性都有暴力傾向，一個個豪橫無比，好打架，都很凶狠，她很擔心她 10 歲的兒子會重蹈覆轍。醫生接受了她的請求，經過 15 年的研究，醫生透過對這位婦女的家族中四代 14 個男性的調查，終於找到了原因：這個家族的暴力行為來源於 X 染色體攜帶的暴力傾向基因，這個暴力基因只傳遞給兒子，也就是傳男不傳女。這個缺陷的基因是一種突變形式的單胺氧化酶 A 基因（MAO-A），它本來參與許多神經遞質的代謝，如可調節多巴胺、血清素、正腎上腺素（DA、5-HT、NE）等神經介質的代謝。但是，如果 MAO-A 分泌不足，就會導致這些調節作用的失靈。常見的表現是酗酒、吸毒、易怒和其他的危險行為。也就是說，他們的暴力是遺傳顯性表現的結果，不是意料之外的行為。這項研究成果 1993 年發表於頂尖雜誌《科學》（Science）上。

這項成果一經發表，就如黑夜中的一道閃電，激發了犯罪遺傳學的重新興起！

1995 年，美國南加州大學的華人學者陳景虹做了一項老鼠實驗，再次帶來了令學界興奮的 MAO-A 基因研究成果。實驗中，透過植入一段人工合成的 DNA 序列，可以排

除或遏制住老鼠體內的 MAO-A 基因,也就是人工製造出低 MAO-A 的生理現象。之後,實驗者每天進入實驗室都發現有被咬死的老鼠,這正是那些缺乏 MAO-A 基因的老鼠的致命攻擊造成的。這一結果正如荷蘭布倫納醫生的研究結論。後來,有科學家以人類的「表親」猴子進行實驗,也得到了一致的結論。

2002 年,美國杜克大學兩位科學家莫菲特(Terrie Moffitt)和卡斯皮(Avshalom Caspi)也帶來了相關研究的突破性成果,並在《科學》雜誌再次發表了一篇頂尖水準的論文,這被認為是該領域里程碑式的成果。他們以 1,000 多名 3～21 歲的兒童和青少年為對象進行追蹤研究,發現低 MAO-A 對兒童和青少年攻擊行為的出現極為重要,低 MAO-A 是反社會行為的重要成因!但是,這一不利的生理因素需要在特定的環境中才會發生作用:如果是低 MAO-A 個體,同時又在童年時期遭受了嚴重的虐待,他在青春期之後就會變得非常危險。可見,特定的文化等環境也是暴力犯罪重要的影響因素。

據此,學術界提出了戰鬥者基因(Warrior Gene)假說,而新聞媒體界則渲染性地稱之為犯罪基因!

因此,我們看到了神經功能異常、戰鬥者基因這兩個因素和暴力行為的連繫,在神經科學的證據面前,我們彷彿看

到了天生犯罪人的影子：

從龍氏的人體生理測量得到的相關關係的判斷，到實驗研究的神經學證據的因果關係確認。其中，證據集中在 MAO-A 犯罪基因，以及杏仁核和大腦前額皮質眶額部的功能缺陷兩大方面。

實際上，龍氏觀察測量的是衝動的熱血犯罪人，而現代的神經科學同時也研究精明的冷血犯罪人，這是犯罪人的兩大類別（後續有更詳細論述）。

由此，我們可以得出結論：

天生變態狂有可能是真實的存在，他們犯罪的欲望很強烈，其犯罪的風險很高！

他們可能成為貪婪的、掠奪的犯罪人，也可能成為衝動的、情緒的犯罪人！

這些潛在的犯罪人具有較強的犯罪動力，但是未必會成為現實的犯罪人。

一個比喻是：他們「帶著子彈出生 —— 並且已經上膛」，但是，「邪惡的子彈」只有在負面的成長環境中才會被擊發，而正向的情感在一定程度上可以抑制、修復它的破壞性。

那麼，在日常生活中，如何辨識和預防潛在的天生犯罪人？

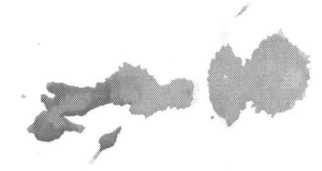

他們有三大特徵:

一是病態的自戀:自以為是,自我誇大,以自己為中心,唯我獨尊!你的存在對他們是威脅!他們內心的信念是:「他人是地獄!」

二是他們信的信條:只要達到目的,可以不擇手段。這被稱為(中世紀義大利政治權術家倡導的)馬基維利主義。這有點類似於厚黑學:臉皮厚而無形,心黑而無色!

三是最為關鍵的:他們有冷酷無情的人格特質,內心冷若冰霜,做人做事沒有基本的道德感,沒有底線,也就是我們平常說的鐵石心腸的人。但是,這類人外表的偽裝性很好!

自戀、不擇手段、冷酷無情,這就是天生犯罪人的黑暗三人格特徵 DT(Dark Triad)。

也由此可見,人的大腦是一部複雜而致命的機器!

這對我們有什麼啟示呢?

1. 盡量不與他們發生爭執。

在生活與工作中,如果有可能,不要試圖與這類人發生直接的衝突,避免外界對他們的刺激。有個比喻也許不夠恰當,但是很實用。「如果一個瘋子咬了你,你會咬回去嗎?」答案是很明顯的。

因為，即使咬了回去，你也是受害者。而且這種傷害可以致命！

2. 如果，他們已經是和你有親密關係的人，怎麼辦？

以正向的情感感化其心靈，提供充分的接納、寬容與關愛；同時，應該發揮其潛在的特長，引導他們走上正道！

「上天對他關閉了一扇門，就會為他打開另一扇窗。」要去發現他們的潛力與特長，並激發它們，使之用在被社會接納、讚許的行為中。

正所謂「以有情化無情」，正向的情感被認為是唯一有效的方法！

我們在探討天生犯罪人的時候，是不是也在審視我們自己的內心？

同時，我們可以更進一步地、更冷靜地想一想，天生變態狂為什麼在進化中沒有被淘汰掉？

換而言之，他們在人類之中又有什麼獨特的競爭優勢呢？

本能與犯罪：
性愛本能與潛意識的驅使

本能與犯罪：性愛本能與潛意識的驅使

著名的心理學家西格蒙德・佛洛伊德（Sigmund Freud）說：一切都是性。

他的代表作是《夢的解析》（*The Interpretation of Dreams*）。

那麼，違法犯罪行為也是性慾產生的結果嗎？

佛洛伊德，在二十世紀西方最偉大的一百名心理學家中，他排名第三。他在臨床實踐的基礎上創立了三大經典心理學流派之一──精神分析學派。

有人說：在今後三百年中，誰想學習心理學，卻不知道佛洛伊德和他的理論，那就不能自詡為學習過心理學。可見，佛洛伊德在心理學界獲得了極高的評價。

作為一名心理學者和臨床醫生，佛洛伊德有著深邃的目光，他的思想和觀點廣泛地展現在當代精神醫學與哲學、文學藝術中。

那麼，佛洛伊德到底看到了什麼我們普通人沒有看到的真實世界呢？

「一切都是性」，難道違法犯罪的原動力是性本能？

2020 年 3 月，韓國揭發了邪惡的「N 號房事件」。這起案件猛烈地衝擊著人類最基本的道德底線。

所謂 N 號房，表面的意思，就是多個房間。說白了，就是多個色情聊天室。

2018 至 2020 年間，犯罪人透過社交平臺 Telegram 建立

多個祕密聊天室,在這裡,他們把一些女性作為性奴役的對象進行展示,並上傳了大量色情影片和照片。

這顯然是一個極端惡劣的案件。

色情聊天室的建立者是 24 歲的韓國男性 A 某。A 某平常是一副「忠厚老實」的樣子。

被捕後,他自己供述,2018 年,他出於好玩的目的,開設了祕密聊天室,當時就上傳了性剝削的色情圖片。他知道這是做壞事,但是自認為技術高明,是絕對不會被抓住的。他還和後來控管的營運者有過對話,之後就離開了聊天室。2020 年 3 月,他還是露出痕跡,被逮捕。

而本案件的主犯是 25 歲的韓國男性趙某某,資訊通訊科系畢業,曾在某學報編輯部工作。

他營運了 38 個「博士」房,為什麼要開設這麼多房間?主要是為了避人耳目,不停地變換聊天帳號。

參與本案的犯罪人有 13 人,其中還有未成年人,最小的只有 12 歲。

本案犯罪人的作案方式就是傳統的老技倆,主要是威逼利誘。犯罪人以服裝模特兒為誘餌,或者冒充警察威逼,或者利用公眾人物的隱私進行威脅。先拍攝受害女性的裸照,再用這些照片威脅受害者,對受害者實施性犯罪,還將犯罪過程拍攝下來公布到收費的聊天室。

本能與犯罪：性愛本能與潛意識的驅使

這起案件中女性被害人很多，韓國警方掌握了明確線索的就有74人，其中16人為未成年人，最小年齡的受害者為11歲的小學生。被害人身上寫有「性奴」的字樣，她們稍有不順從，就會立刻被恐嚇、威脅！

色情聊天室的參與者很多，他們在聊天室花錢觀看色情影片、色情照片，這些參與者有26萬人之多。他們實際上是犯罪者的幫凶，他們的參與大大地助長了邪惡的犯罪行為。

面對這樣醜惡的犯罪現象，我們不禁要問：他們的犯罪動機是什麼？

這一犯罪行為有營利動機，但營利並不是唯一的犯罪動機，也不是主要的動機。相比之下，性動機更加明顯！

按照佛洛伊德的相關理論，應該怎麼看待這起案件中反映出來的犯罪心理活動呢？

佛洛伊德在臨床治療實踐的基礎上，以潛意識與性本能為研究對象，創立了系統的本能學說，以此來解釋人所有的心理活動與行為模式。

在本能理論中，最為突出的是性本能觀點，在這一觀點的基礎上發展出了生的本能學說與死亡本能學說。

生的本能，以古希臘傳說中的愛神Eros命名，以性本能為代表，意指積極向上的力量、愛人、利他，但它也可能成為嫉妒與淫慾的泉源。

　　死亡本能，以古希臘死亡之神 Thanatos 命名，代表攻擊、征服和毀滅的力量。在外部環境的影響下，也可能退縮、內化為自我攻擊的心理疾病的力量。

　　「N 號房事件」中涉及性本能的犯罪動力有三個方面。

1. 直接的性犯罪：其中的強姦、猥褻等性侵害，就是性本能的直接表達和展現。
2. 變態的性犯罪：「N 號房事件」中有典型的性虐待與瘋狂的猥褻行為，還涉及針對兒童、青少年的戀童癖樣行為，這是典型的性本能變態表現。
3. 控制的欲望與仇恨：這種力量往往是因為個體在生活中受到打擊後引發了對女性的仇恨。這是性本能轉換的展現，表現為犯罪人對女性的征服、控制行為。

　　另外，與性本能相關的犯罪動力還有：以色相引誘作為犯罪的手段，這是性本能在犯罪手段上的展現，在女性犯罪中較為常見。

　　性本能的終極表現是變態的暴力犯罪：這是性本能與攻擊本能的結合，犯罪人在攻擊行為中體會到性興奮的快感；在性行為中伴隨攻擊的亢奮，這種人就是典型的色情殺人狂。

　　這種犯罪行為明顯地表現出性壓抑後本能狂妄宣洩的特徵。

本能與犯罪：性愛本能與潛意識的驅使

　　佛洛伊德的人格結構理論認為，人的內在人格包含三個相互對立又相互連繫的「我」（見佛洛伊德人格構成與意識劃分示意圖）。

　　本我：原始的我、生物的我，執行「及時快樂」原則。

　　自我：現實的我，執行「現實」原則。

　　超我：道德化的自我，執行「盡善盡美」原則。

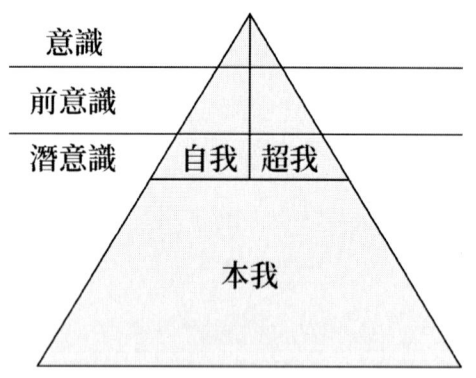

佛洛伊德人格構成與意識劃分示意圖

　　例如，一個女人，既在性方面混亂不堪（本我的展現），又要樹立堅貞的形象（超我的作用），這兩者就是面對自我的掙扎力量。

　　對於這些性犯罪者而言，性本能與攻擊本能的作用，在多數情況下表現為一個人人格內部的衝突。人的內心中的自我要面對三個暴君：執行「及時快樂」原則的本我、執行「盡善盡美」原則的超我與殘酷的社會現實。

自我面對三個暴君,要處理好三者的關係,任何一方過於強勢,都會出現問題。這些問題主要有對外和對內兩個方向:對內的就是心理障礙,對外的就表現為反社會行為、犯罪行為。

我們看一看,犯罪者真實的內心世界裡是不是就有這種情況?

130多年前,英國留下了一樁懸案:「開膛手傑克」殺害妓女案。西元1888年,英國倫敦東區的犯罪人「開膛手傑克」血腥地殺害了五個妓女。當時,警方請了一位外科醫生進行驗屍,醫生發現犯罪者的刀法精準,手法血腥殘酷,可以看出凶手很冷靜。醫生認為是一個有外科知識或者和動物打交道的人作的案。有人說,這就是早期的心理側寫。

2004年,某地發生了姦殺女童的系列案件。在案件偵查過程中,有一個叫朱某剛的人透過電話和簡訊,向警方檢舉說犯罪嫌疑人是黃某平。犯罪人在姦殺第五名女童時被逮捕,而檢舉人朱某剛本人居然就是他向警方檢舉的犯罪嫌疑人黃某平!

這就是精神分析理論中的神祕的犯罪情結。什麼意思?就是犯罪人內心的掙扎,好像心理打了個結!

如果某個人在童年時期遭受了嚴重的心理創傷(比如虐待、忽視,或者嚴重的親情喪失),他的心裡就可能早早地

本能與犯罪：性愛本能與潛意識的驅使

埋下了「仇恨的種子」。這種仇恨會和自己尚存的良心存在衝突，而且兩種力量都很強大！這粒邪惡的種子可能在青春期時，在現實情感創傷的誘使下發展為具體的犯罪行為。

在這裡，我們大概可以知道精神分析在解析犯罪行為時涉及的兩個核心理念。

1. 本能對犯罪行為的決定性力量。
2. 內心的人格衝突會引發犯罪情結。

這是不是佛洛伊德的自說自話、自圓其說？不是的，在佛洛伊德的臨床實踐中，雖然他面對的是心理疾病，但他也揭示了越軌犯罪行為的原因與機制。他認為心理疾病與反社會行為是動力同源的：負面而強大的本能力量（包括性本能與攻擊本能），針對自己時是心理疾病，而針對外部時則是反社會行為、犯罪行為！

精神分析理論後來有了新的發展，如自卑學說、集體無意識學說，還有客體關係、自戀關係的精神分析，它們對於當代社會現象和犯罪行為的深度解釋，同樣是富有影響力的。

當然，我們也應該看到，單純以本能來解釋犯罪現象，還是存在一些不足或明顯的缺陷。

精神分析有明顯的泛性論與生物決定論傾向，忽視了文化環境的力量。有些犯罪行為與性的關係並不明確，「一切都

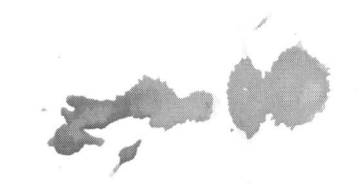

是性」,「犯罪行為也是性的表達」的觀點,把一切犯罪行為和性本能直接連繫起來,現在還缺乏充足的證據,似乎也難以讓人完全信服。

這是一種對犯罪行為的深度心理分析,具有神祕主義色彩,有類似玄學的特徵,如果作為偵查、審判的證據使用,它還需要嚴謹的科學依據。現在認為,尋找神經科學的證據可能就是它的方向。

但是,我們仍然不能否認,精神分析在特定類型犯罪的解釋和犯罪偵查中有獨特的作用。比如在犯罪心理側寫技術中,它就具有獨特的指引功能。

也就是說,目前我們不一定認同精神分析的所有觀點,但是,它確實擴展了我們對內心世界的理解:還有我們未知世界的存在,有本能、有潛意識,而且它們的力量還很強大;在深度探索犯罪人的內心世界時,似乎也不能忽視這種觀點的存在!

這些對我們有什麼啟示呢?

我們要清楚意識到,我們是社會性動物,而且是高等的社會性動物。

地球上的生命出現於38億年前,人類的出現是10萬年前的事情。

如果把38億年比作一天24小時,那麼10萬年只占了其

本能與犯罪：性愛本能與潛意識的驅使

中的 2.27 秒！

類似地，可以比喻為在 23：40 出現哺乳動物，靈長動物出現在 23：55，而 23：58～59 時新人類才出現。

這樣看來，在生命的歷程中，歷經漫長演化而來的本能在平常人的生活中是非常重要的。經過幾千萬年才形成的行為模式（就是本能）不會輕易改變，因為它具有適應性，即適者生存。我們不能忽視人的天性，這其中就有性本能、競爭本能，也有攻擊本能。自然法則具有強大的驅動力。我們現代人的行為模式中普遍存在著生存競爭的本能，也有吸引異性的擇偶本能的軌跡。它們深刻地塑造著我們今天的生活方式。

同時，我們也應該清楚意識到，我們有人類特有的正向的一方面：人性，我們有靈覺（與生覺、動覺共同構成三覺）。我們有人類文明的社會性，我們需要理性與道德的方向指引，我們的行為絕不能是純粹的動物行為。

人類文明的基石之一是道德法則。沒有了道德法則，泛性論就會大行其道，就會催生個體行為的墮落。正如韓國的「N 號房事件」一樣，這是極其危險的！

如果僅有動物本能和高等的智慧，沒有道德的內在制約與規則的外界規制，必將導致人類物種的毀滅！

這就是人性探索與反省的挑戰性主題：本能的犯罪人。

神祕的犯罪情結：
愛恨交加的欲望

神祕的犯罪情結：愛恨交加的欲望

1945 年 6 月 5 日，在美國的芝加哥市，一個名叫約瑟芬·羅斯（Josephine Alice Ross）的 43 歲的女子在自己的公寓裡遇害。她身中數刀，手裡還死死地抓著一縷黑色的頭髮。而半年之後的 12 月 20 日，同樣在這座城市，年輕的退役女軍人弗朗西斯·布朗（Frances Brown），也死在了自己的公寓裡。她頭部中彈，脖子上被深深地刺了一刀。而且，令人無比震驚的是，在作案現場，凶手用一支口紅在浴室牆壁上留下了幾行潦草的字：「看在上帝的分上，在我殺死更多的人之前，趕快抓住我吧！因為我已經控制不住自己了。」（見下圖）這就是震驚美國的芝加哥「口紅殺手」（Lipstick Killer）案。

「口紅殺手」的留言

這一堪稱詭異的做法引出了精神分析學說的一個神祕概念 —— 犯罪情結（Criminal Complex）。

這是什麼意思呢?什麼是犯罪情結?

打一個具體的比喻,所謂情結就是一個人的心理打了個結。而且還糾結得不行。這是一種內心的既強烈追求,又極力迴避的情緒,好似愛恨交加的矛盾心態。

犯罪情結,就是一個人對於犯罪行為,內心既強烈地、迫不及待地想去實施,又極力地排斥、否定的心理狀態。現實中的情況往往是:追求的願望大於否定的力量,它導致犯罪行為持續不斷地發生。

精神分析學派的創立者、20世紀的心理學大師佛洛伊德認為人的內心世界中有三股強大的力量:本我、自我和超我。如果三者調和不成,一個人的內心就可能出現針鋒相對、針尖對麥芒的矛盾。例如,本我想透過違法犯罪行為來滿足自己的欲望,而超我又想維護自己的道德感和良心。犯罪情結就是其中最為典型的代表:犯罪行為和犯罪目標本身具有強烈的吸引力,在驅使著自己,而良心對其又極端地牴觸和否定。

「口紅殺手」在殺人之後留下的那句讓人困惑的話,那句吶喊般的話語,展現的是不是這種矛盾的心理?他連續殘忍地殺害了兩名女性,彷彿還停不下來,內心卻經歷了強烈的罪惡感和痛苦,他在現場留下歇斯底里的心聲,呼喚至高無上的神靈趕快來幫助他,讓上帝之手阻止他繼續殺人,挽救

神祕的犯罪情結：愛恨交加的欲望

他於煎熬的內心地獄。

一方面是醜惡欲望的滿足，另一方面是內心難以承受的痛苦，這正是犯罪情結的衝突與動力。

雖然「口紅殺手」案件的真凶仍然沒有找到，但是我們可以清楚地看到其內心的痛苦與掙扎，或者說是一種淫樂滿足與痛苦掙扎的混合體。

我們再來結合前文提到的案例來看看犯罪情結在這種犯罪人心態上的表現。

2004年7月，某地發生一連串姦殺女童的案件後，警方向社會發出了公告，徵集案件線索。在案件偵查過程中，有一個叫朱某剛的人透過電話和手機簡訊，多次向辦案警察打聽案件的詳細進展，並且，還提供了一些沒有公開過的案件細節，最後，他檢舉說犯罪嫌疑人是一個叫黃某平的人。

辦案警察依據這條線索，在一個工廠調查時，發現確有黃某平這個人，但是，這個人在前幾天神祕消失了。之後，這個朱某剛又向辦案警察提供了另外一些黃某平的細節。大家都感到黃某平若隱若現，有點像是在玩一個捉迷藏的遊戲！隨著案件偵查的進行，警察越來越接近犯罪人。

在這個犯罪人姦殺第五名女童的危險時刻，警察在犯罪現場將其逮捕。這時，警方才發現，原來檢舉人朱某剛本人就是黃某平！在他的「花仙王殺人日記」中，朱某剛詳細地記

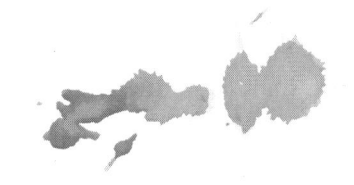

錄了自己的犯罪計畫和作案經過，其中還有他放過的另外九名女童。

他將自己殺害的兩名女童的名字作為自己假身分證上的名字，並冒險到太平間向他殺害的女童的屍體懺悔。而且，他還忽隱忽現地檢舉自己！這種心理就是犯罪情結：對虐待姦殺女童的犯罪行為，既有強烈的衝動，又有強烈的罪惡感，兩種感覺的力量都很強大。

以精神分析的視角來看，就是他的內心伴隨著本我和超我之間尖銳對抗的心理衝突。

這種犯罪動力可以追溯到這個犯罪人的童年遭遇（心理創傷）。

在朱某剛年幼時，其父母把和他關係很親密的5歲的親妹妹送人了，這就導致了他留下深刻的心理創傷。十多年的心理煎熬，最後導致他透過迫害女童的方式來滿足自己的變態心理和彌補心理，同時又有在道德和良心的驅使下自責、懺悔的矛盾心態。

那麼，哪些因素可能誘發犯罪情結呢？

除了童年遭遇的心理創傷會導致犯罪情結外，因為行為人自己的行為而造成的不好的後果，也可能促使其產生罪惡感，在贖罪動機的驅使下，也可能發生由犯罪情結引發的違法犯罪行為。例如，有一種性愛成癮症，就是以交朋友的名

義，透過濫交行為，插足別人的情感生活，破壞別人的家庭，進而擾亂社會秩序。這種行為既傷害了他人，也對自己的內心造成了傷害，從而實現一種潛在的自我懲罰、自我贖罪。在理性層面，行為人完全知道行為的對錯，也覺得不應該如此；但是在非理性層面，這種行為又彷彿可以帶來一種自我虐待、受虐狂一般的滿足感。即以自我的傷害來彌補曾經的過錯或罪惡。

在這裡，我們可以擴展一下精神分析法在解析犯罪行為時涉及的兩個核心理念。

第一，人的本能，包括性本能和攻擊本能，對犯罪行為具有決定性的力量，是許多犯罪行為的潛在原動力。

第二，內心的人格衝突會引發犯罪情結，從而導致一些病態的犯罪行為。

這樣看來，人的內心確實存在著意識和潛意識的對抗：理性上跟隨道德、善良的方向，想上天堂；而非理性上，卻是服從本能欲望的驅使，朝著不良的甚至地獄的方向奔跑。大家想一想，在兩者的日常衝突中，理性力量與非理性力量最終誰能勝出？

實際情況是，並不一定都是理性力量獲勝。比如在浪漫的愛情故事中，人是不是更聽從內心的感覺、情緒的召喚？在仇恨引起的犯罪中，往往也不都是理性來做主，而是衝動

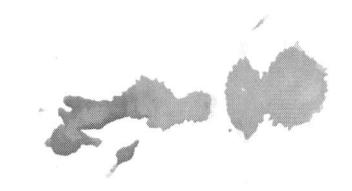

的情緒占據上風。

正如亞里斯多德（Aristotle）說的：「人的靈魂，一部分極力地向上飛向天堂，另一部分卻又強烈地被地獄所吸引。」

大概就是這個意思，人的命運也是如此，關鍵在於我們對自己內心的掌控。

這也就是心理學上所說的理性自制力！

從終極的角度而言，每個人的行為及命運，最終還是由自我抉擇的！

神祕的犯罪情結：愛恨交加的欲望

掠奪性犯罪人：
冷血捕食者的進化本性

我們都知曉，自然界中有很多的掠食性動物。

展翅翱翔的老鷹是天空中的梟雄，牠視覺敏銳，可以看清楚一公里外的田鼠；獅子是陸地之王，有超強的攻擊力；鯊魚是海洋中的霸主，牠有100多顆鋼鋸一樣的牙齒，看一眼就讓人後背發涼。

牠們處在食物鏈的最頂端，都是生存技能高超的食肉動物！

牠們具備三項共同的特徵：

一是攻擊性極強，凶狠、動作俐落、殺傷力極大！

二是目標準確，可以冷靜地算計，準確地出擊，甚至一擊致命，是天生的頂尖掠食者！

三是牠們並不覺得自己做得有什麼不對！

人類當中有沒有類似掠食者的掠奪者？答案是肯定的，有！

雖然他們不一定是天生的，但是，在某些生理方面，他們和動物世界中的掠食者有著驚人的相似之處！

這就是需要我們鼓起勇氣面對的邪惡之人 —— 掠奪性犯罪人！

先來看一個真實的案件。

有一個人叫楊某海，在正常人看來，他是十足的壞人。他都做了什麼壞事？

在 2000 年至 2003 年間，他流竄各地，搶劫、強姦、殺人，一共作案 26 起，殺死了 67 人，傷了 10 人，強姦 23 人！這樣算下來，他平均每月作案一到兩起，每起案件中殺害二到三人，強姦一人！

可見，他簡直就是橫行在人間的惡魔！

在法庭宣判的現場，當地的百姓憤怒地打出布條標語：「剝你皮，抽你筋！」這是很罕見的場面，可見老百姓有多麼憤怒。

那麼，楊某海到底是一個什麼樣的人？他天生就是這樣的嗎？

不是。

他是 1970 年出生，早年心理發育都很正常。他從小聰明，但很內向，喜歡畫畫，也是家裡唯一上過高中的孩子。

因為家裡很窮，他就想早點靠自己的雙手過上好日子。楊某海 16 歲時離家，到了礦山和建築工地工作，但只是混得一口飯吃，幾乎沒有拿到工錢。

後來，他就逃走了，來到一個小餐館打工。做了一個月，老闆又不給工錢，他感覺自己又上當了。他想：「你們這些老闆怎麼都這樣！」憤怒的他，偷了餐館的一個大鋁盆，賣了幾塊錢。這東西雖然不值幾個錢，但對他的影響卻很大──他的心理從此開始發生惡性的改變！

從此，他開始不斷地偷竊。被抓住後，受矯正處分；放出來後，再偷，再受矯正處分。他共有兩次矯正處分經歷：一次是 18 歲時，另一次是 21 歲時。

楊某海在自己的家鄉有一個女友。在他受第二次矯正處分時，女朋友對他說，你好好改進吧，出來我還和你在一起！但當他被放出來時，正好趕上女朋友和別人的婚禮。

從此，他開始仇視女性，報復女性。

1996 年，在一次強姦犯罪中，楊某海的舌頭被對方咬傷了。被逮捕後，他被判處 5 年有期徒刑。從那以後，他就更加仇恨女性。2000 年，因在監獄表現較好，他被提前釋放。此時，他的犯罪心理已經不可逆……因為他在監獄中就已經有了犯罪計畫：我坐牢的代價，出來要有人償。他要暴力地侵財侵色，報復女性，報復社會。

他開始了瘋狂作案的日子。

在接下來不到三年的時間裡，他基本上都在犯罪或準備犯罪。

2003 年 8 月，最後瘋狂的時間裡，楊某海三天作案兩起，都是搶劫殺人。其中有一家五口，無論男女老幼，連嬰兒都被他殺了。他用從另一個村民家偷來的斧頭殺人，並把手套扔在院子裡。這樣，警察就找到了更多的直接線索，鎖定他的行蹤，將他逮捕。

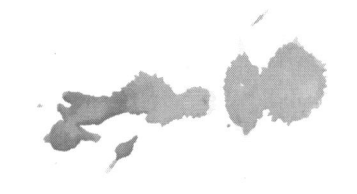

我們可以回顧一下他的心理歷程。

　　楊某海早年心態還算正常，雖然家裡很窮，但他也還知道透過工作養活自己。直到在社會上連續受到挫折，他的心理開始向惡性變化，尤其是在受到兩次矯正處分後，他直接展開了犯罪的生涯。而且，對他而言，犯罪開始從謀生的手段漸漸演變為習慣性的殺戮。在 18 歲至 30 歲這幾年裡，楊某海一直處於違法犯罪與受處罰的循環中。從這點我們看出，他漸漸地形成了與犯罪行為相符合的觀念、情感和行為模式，這就是犯罪人格。

　　其實，他的犯罪動機很簡單，就是劫財劫色，而且報復女人、報復社會。

　　在被槍決前，他還憤憤不平：「為什麼別人有的我都沒有！」

　　為什麼他會這麼想？

　　因為他已經沒有基本的道德感，也就是人們常說的良心泯滅。

　　一般來說，這一類人青春期時有生存性違法行為（早期以偷竊開始，後來發展為搶奪、搶劫）；成年後犯罪就會快速升級：一般是 25 歲之後開始盜竊－搶劫－強姦－殺人，壞事一起做；而 30 歲後就開始更加瘋狂的暴力犯罪！

　　他們不能主動停止犯罪行為，直到人生徹底毀滅。

由此可見，本案中的犯罪人楊某海並非天生本質邪惡，也不是一個天生（潛在）犯罪人，他在遭受社會挫折或不公正待遇時，選擇了違法犯罪的道路，走向了對抗社會規則的不歸路，成為一個徹底的邪惡之人。我們再深入地想一想：為什麼他會做出如此的選擇呢？

暴力犯罪是傳統犯罪、自然犯罪的典型代表。就是行為人使用暴力或以暴力相威脅來實現犯罪目的的行為。如謀殺、放火、搶劫、強姦等。

所謂暴力，是一種激烈而有強制性的力量：行為多表現為武力強制，而且往往帶有一種「戾氣」，例如目光凶狠，行為豪橫。

暴力犯罪的危害性大，它是全世界的公共安全問題。

暴力犯罪行為大致可以區分為兩大類：掠奪性暴力和衝動性暴力；或稱為主動性暴力（工具性暴力）和反應性暴力（情緒性暴力）。其中，反應性暴力（情緒性暴力）是憤怒宣洩或是壓力累積的後果。

掠奪性犯罪具有典型的預謀性，犯罪人的內心具有相當的邪惡性。但是多數犯罪人本人並不覺得他們是邪惡的或不可接受的，他們會認為這些犯罪行為只是一種生存方式而已。

對暴力行為的發生機制，可用神經系統的兩種控制系統來解釋。

一種是行為接近系統（BAS），這種系統的特點是獎賞驅動、追求獎勵，而對懲罰不敏感。

另一種是行為抑制系統（BIS），這種系統的特點是對不當行為及時地抑制，對懲罰比較敏感，也就是害怕懲罰。但是，如果抑制機制有問題，就不能及時地遏制人們做壞事。

例如，掠奪性暴力：

一方面，犯罪人追求獎勵，是為了自我欲望的及時滿足。研究已經發現，這類人邊緣系統中的紋狀體很活躍，這表示其貪婪性較高。

另一方面，他們不太懼怕懲罰，這和他們邊緣系統中的杏仁核功能低下有直接的關係。或者說，他們沒有恐懼與痛苦的感受，不但自己無恐懼感，而對他人的痛苦也不會有同感。

古人說，人要有良心四端（仁、義、禮、智），他們可能連一端都沒有，尤其是沒有惻隱之心，沒有基本的同情心。很多時候，人的價值取捨需要懲罰機制提供反向參考，但他們不懼怕懲罰，所以就難以遵循正常人的價值觀念行事。其中人格障礙中的精神病態就是最為極端的代表，這種病態表現為內心絕對的冷酷無情！

簡單地說，這種冷靜的貪婪性犯罪，主要是因為這類人有強烈的貪婪欲望，而控制系統也有問題。就像一輛小汽

車,動力強勁,但控制方向和制動的系統出了問題,那是不是就很危險?

與此相對應的,是另一類暴力行為:衝動性暴力,或稱反應性暴力(情緒性暴力)。

反應性暴力的代表觀念是:犯罪就是為了報仇!

1999 年,美國科羅拉多州的科倫拜中學,一名 17 歲少年 Eric Harris,因為持續受到同儕霸凌,而且受到的威脅日益升級,他心中的憤恨無法消解。最後,他選擇拿起武器報復。甚至,他還找到一名受到同樣霸凌的同學作為同盟軍。

他們準備了一支微型衝鋒槍、一書包的彈藥和一支截短的霰彈槍(因為他們從網路上得知,這樣改造槍械會有更大的殺傷力,可見他們內心的仇恨有多麼的強烈)。

他們在學校的午餐時間發動報復。

他們本來的計畫是在自助餐廳安放炸彈,等定時炸響後,他們在餐廳外伏擊逃出的同學。但是,炸彈沒有爆炸,他們就直接衝進餐廳,鎖上門直接大開殺戒!

兩人對著餐廳的攝影機,毫無掩飾之意,只有憤怒的眼神和囂張的動作。因為這是自殺式殺人,他們連命都不要了,還會怕攝影機嗎?

科倫拜中學槍擊案現場

　　根據當事人的回憶，本案中有一個耐人尋味的細節：Eric 看到一個男生躲在餐桌下，他直接過去，用霰彈槍指著他的頭，那個男生驚恐又絕望地看著 Eric，但是，Eric 突然驚住了：這人有點熟悉。原來，就在一個月前，三、四個高年級男生正在毆打 Eric，有一個男生衝過來勸架，雖然沒有什麼效果，甚至勸架的同學還被打了幾拳。當時 Eric 覺得這男同學還不錯，有點正義感。而當時勸架的男生就是現在餐桌下的這個人！這時，Eric 用槍指了指窗戶，這個男生在驚魂失魄中從窗戶逃出去了。

　　這是什麼情況？我想，大家心裡都非常明白：放他一馬！相比之下，Eric 和楊某海，哪個更為邪惡？

　　雖然，Eric 在同學的霸凌下，也變成了瘋狂報復的校園槍手，但彷彿他還存有一絲絲的良心，這和良心泯滅的楊某海不一樣！

掠奪性犯罪人：冷血捕食者的進化本性

這次槍殺導致 17 人死亡，24 人受傷，也就是一共 41 人傷亡！這是當時美國校園槍擊事件的傷亡紀錄！

17 歲的 Eric 後來成為許多校園殺手的模仿對象！當然，有此想法的人，都是威脅校園安全的高風險人物！這種人在沉默中爆發，也在爆發後滅亡！因為這種爆發絕大多數是報復性的自殺行為。

這個 17 歲少年遭受了如此霸凌，其內心憤怒至極，雖然令人同情，但其瘋狂的殺戮行為危害他人、危害社會，也毀滅了自己，無論如何都非讚許的對象。這是青少年尤其應該警惕的！

一般而言，常見的犯罪動機及其主導的犯罪行為主要有以下兩種：

第一動機：金錢〔貪婪動機〕→掠奪性犯罪

第二動機：憤怒〔仇恨動機〕→反應性犯罪

在這裡，我們可以想一想，家庭暴力是出於什麼動機？多數情況下它是反應性暴力，是由家庭矛盾累積的怨恨導致的，所以它應該出於憤怒型動機。僅有極少數人會處心積慮地透過婚姻來達到不可告人的目的，如《東方快車謀殺案》(*Murder on the Orient Express*)，或者電影《尼羅河謀殺案》(*Death on the Nile*) 所描寫的那樣。

那現實中有沒有這樣的慘案？

2020 年 7 月初發生的許某利殺妻案。在這個案件中，許某利是什麼犯罪動機？這本質上是貪婪動機，但也有仇恨動機。僅僅因為家庭矛盾，許某利就能在家裡把自己的妻子殺害，並花上幾個小時碎屍，可見犯罪人內心極端冷酷、極端邪惡。我們正常人會覺得這很血腥，難以接受，但犯罪人並不認為他的行為像我們描述得那麼可怕，他只是把她殺了，處理了屍體而已，就如同清除前進道路上的障礙一樣。

職場暴力呢？其中既有反應性暴力（不一定是犯罪），也有隱蔽的掠奪性犯罪：如為了自己的職場利益而誣陷或者暴力傷害他人的人。

還有一種常見的、特殊的反應性犯罪，那就是嫉妒（情感動機）犯罪，它多發生在熟人之間，多為暴力性案件。

這類暴力犯罪，為我們提供了哪些思考呢？

反應性犯罪人，大多是「熱血犯罪人」。

這種犯罪是負面情緒的累積，是在特定情境下誘發的，其中，侮辱的言語、威脅的言語與身體的傷害往往是這類暴力事件的導火線。

這就提醒我們，為了自身的安全，千萬不要主動點燃「火藥桶」，那會引火燒身！

同時，不要被壞情緒控制。例如，我們很氣憤的時候，摔杯子、罵人、掀桌子，自以為憤怒的情緒發洩出來了，其

實這些行為只會使情緒變得更差！

如果能夠自我控制住 10 秒以上，等到理性慢慢恢復過來時，就會發現事情並沒有原本認為的那麼糟糕。

也就是說，退一步可能就是海闊天空，雲開月朗！

而掠奪性犯罪人，是內心絕對邪惡的犯罪人；掠奪性犯罪，是一種精心預謀的「冷血犯罪」。

可見，與那些行為蠻橫、囂張的反應性、情緒性犯罪人一樣，陰冷的掠奪性犯罪人也是具有極大破壞性的犯罪人。而且，他們更具有偽裝性、精心算計性乃至施虐性，他們更可能成為反社會人格者，甚至精神病態者。相應地，對於掠奪性犯罪和反應性犯罪的打擊與預防也要有區別性的策略和方法：神經犯罪學檢測、早期負面遭遇防範、現實挫敗感的消解以及情緒化情境處理等區別化、綜合性的防範策略，矯治與精準打擊相結合的懲罰治療方式。

低安靜心率：
預示暴力傾向的生理訊號

低安靜心率：預示暴力傾向的生理訊號

平日裡我們可能談到：某某人天生有一股戾氣，感覺做什麼事都是用心險惡。這個「心」一般來說就是指行為人的心理，包括偏激的觀念、負面的情緒。

在真實的犯罪案件中，一些極端的殺人犯在作案時經常表現出殘酷又冷靜的一面，我們習慣地稱之為「冷血殺手」。那麼，你認為「冷血」只是一種直覺的比喻，還是真的和血液息息相關？

你可能沒有想到，犯罪心理學家還真的認真研究過「冷血」和心臟之間的關係。

人的一生之中，心臟要跳動 25 億～30 億次（以 80 歲的生命週期計算）。顯然，心率是與人的生命息息相關的。

這裡先解釋一個概念 —— 安靜心率。

安靜心率就是一個人在清醒、非興奮的安靜狀態下，每分鐘心跳的次數。安靜狀態主要是指沒有受到什麼刺激，也沒有胡思亂想的狀態。一個健康的成年人，他的安靜心率為每分鐘 55～70 次。從臨床醫學的角度，安靜心率能保持在 55～65 次每分鐘就是健康心臟的象徵。臨床醫學的研究顯示，在其他條件相同的情況下，如果一個健康成年人的安靜心率是每分鐘 70 次，那他的壽命可達 80 歲；如果是每分鐘 60 次，他的壽命就可達 93 歲。

這些是臨床醫學的知識。但是，在暴力犯罪現象中呢？

令人驚奇的是，低安靜心率居然也是暴力犯罪的生物學指標！

因為研究發現，很多冷血殺手、高智商犯罪者和拆彈專家一樣，他們都是低安靜心率者。他們既聰明，又認真、冷靜，還很嚴謹、富有理性，他們好像都是「頭腦冷靜的邏輯學家」。

這種研究先是從動物實驗開始的。在兔群中，那些攻擊性很強的兔子，和那些處於從屬地位、沒有攻擊性的兔子相比，低安靜心率是其顯著的特徵。攻擊性越強的，其安靜心率越低。當實驗人員人為地改變兔群中的尊卑秩序之後，那些新上位的兔子也紛紛表現出安靜心率下降的情況。而且，這還不是兔子王國中的獨有現象，在獼猴、狒狒、老鼠的世界裡，這種現象同樣是存在的。這讓研究者了解到，要想分析明白一個人的暴力犯罪行為，心臟還真是繞不開的器官。

在這樣的實驗資料的支持下，研究者就推導出，低安靜心率有提升一個人的反社會行為和暴力行為的可能性。這個觀點聽上去可能過於簡單，也可能過於讓人震驚，一時難以接受。但是，這就是事實！

英國有一位著名的神經犯罪學家，叫阿德里安・瑞恩（A. Raine），他透過對前人研究涵蓋的多達 5,868 名受試者、40 多項研究的綜合分析，來檢驗人的心率和反社會行為之間的

低安靜心率：預示暴力傾向的生理訊號

連繫究竟是存在一致的傾向性還是只是一、兩次的巧合。最後，阿德里安·瑞恩的分析結果清楚地表示：那些具有反社會傾向的兒童和青少年，與同年齡組的個體相比，確實具有較低的安靜心率。

我們都知道，男性的暴力犯罪傾向要明顯高於女性，絕大多數的暴力犯罪的實施者都是男性。在謀殺案件中，男性的比例更高（男：女＝9：1）。與此相對應的是，在各個年齡階段，男性的安靜心率都要遠遠低於女性，每分鐘至少低5次。在兒童成長到三歲時，這種差異就已經很明顯了。在青春期時，這種差異會更為明顯。青春期時，男孩比女孩更容易犯罪。雖然在獨生子女中，這種現象有一些變化，因為當代社會中有的女孩也表現出狂暴的一面，但整體而言，男孩的攻擊程度是高於女孩的。阿德里安·瑞恩還先後在紐西蘭和模里西斯進行了五個縱向研究計畫，得出的結論是：一個人早在三歲時候的低安靜心率和他未來是否會發生違法、犯罪和暴力行為之間有密切的相關性。這好像印證了民間的說法：三歲看大！而且，他還發現，對一個幾代都有犯罪分子的家族來說，低安靜心率是他們家族最為顯著的生理特徵：低安靜心率具有顯著的遺傳性，反社會行為很可能是低安靜心率這種遺傳機制的表達之一。

透過對一些國家和地區的有反社會行為的青少年和沒有反社會行為的青少年的對比可以發現，那些沒有反社會行為

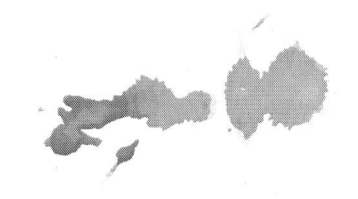

和違法犯罪紀錄的青少年具有顯著的較高安靜心率。由此可見，較高的安靜心率是有利於青少年犯罪預防的。當然，較高的安靜心率又和一些精神疾病有較大的關聯，如精神分裂、酗酒、焦慮症、憂鬱症患者都有較高的安靜心率。

劍橋大學的大衛·法林頓是 (D. Farrington) 當今世界頂尖的犯罪學專家，他建立了一個較完善的暴力早期預測系統。在他給出的 48 個指標中，只有兩個獨立指標和暴力行為特別相關：一是低安靜心率，二是集中注意力差（嚴重的就是 ADHD）。他說，擁有一顆低安靜心率的心臟，比擁有犯罪的父母更容易沾染上暴力習性，前者是導致這個孩子日後發生暴力行為的最主要因素之一；低安靜心率可能是暴力性犯罪最為重要的生物表徵之一。

這在心理學上如何解釋呢？

有三種解釋：第一種解釋是低恐懼理論，通俗地說就是這個人面對危險情況時不太害怕。低安靜心率被認為是一個人無所畏懼的象徵。類似於要想拆除一枚炸彈，需要鋼鐵般的意志力。與此同理，反社會行為與犯罪行為也需要一定程度上的無畏膽量去實施。一個學齡前兒童在年幼時期越是無拘無束、無所懼怕，成人之後富有攻擊性的可能性就越大。而心性無畏的孩子往往都是低安靜心率者。

第二種解釋是移情理論。實驗證明：低安靜心率孩子的

低安靜心率：預示暴力傾向的生理訊號

感情移入往往比高安靜心率的孩子要少許多。前者對別人不會有很多情感的投入。一個缺乏移情的孩子無法體會到他人的感情，無法真切地體會到他人的痛苦，而且更容易霸凌他人、加害他人，也不太會產生懊悔的感受。需要特別注意的是，對人的傷害行為往往都是從傷害、虐待小動物開始的。所以，一個孩子偶爾或經常性的傷害、虐待小動物的行為，往往是將來成為危險人物的明確訊號。

第三種解釋是尋求刺激理論。低喚起程度讓一個人長期處於不太興奮、不太愉快的生理狀態，因此，這種狀態必然會增加他們去尋求高喚起程度的刺激，以達到最佳喚起程度。比如說，大多數人看到鮮血淋漓的場面時會覺得很不舒服，但是，對那些低安靜心率的人來說，那種血腥場面的刺激剛好能讓他們興奮起來，這在無意中就增加了暴力衝動的機會。

一個人的安靜心率明顯受到人的自主神經和體液因素的影響，它主要是由先天遺傳決定的。如果安靜心率在每分鐘60次以下，甚至是55次以下，那說明什麼？說明這個人與生俱來的攻擊性程度可能高於周圍的人。更極端地說，日後暴力犯罪的風險性可能更高一些。

需要特別強調的是，這裡探討的是安靜心率與違法犯罪行為，尤其是與暴力犯罪行為之間的關係，是在與其他的心

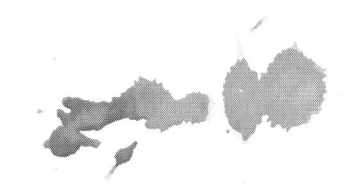

理、環境因素相同或相似的情況下來對比的。而且，這種攻擊傾向性並不一定都是以暴力行為、犯罪行為表達出來的。因為已有相關的研究發現，那些高對抗性、競技型的運動員，比如拳擊手、短跑運動員、擊劍運動員、射擊運動員、極限運動員，尤其是那些成績優異的運動員的低安靜心率也是非常明確的！這說明這種本來具有的高攻擊性（生理——心理能量）在外在環境的介入下，是可以逐漸轉換成為社會認可的競爭力和進取心的！或者說，攻擊性與進取心的生物——心理能量是同源的，但其活動的指向各不相同。

這是一個具有挑戰性的話題，也是神經犯罪學中的一個敏感話題：低安靜心率是反社會行為的生物學指標。大家想一想，某個人、某些人是不是更可能成為一個高攻擊性的人？這在本質上也是對人類身體和靈魂之間的關係的思考與探討。

低安靜心率：預示暴力傾向的生理訊號

青春期犯罪人：
狂妄冒險的青春期危機

青少年和成年初期是犯罪的高峰年齡層,這在世界各國中都是如此,這與青春期危機有密切的關係。

我們先來看一個發生在日本的甚為極端的青少年犯罪的案例。

從 1997 年 2 月開始,在接下來的三個月時間裡,日本神戶市連續發生了三起殘忍殺害兒童的案件。案件中犯罪人共血腥地殺害了兩名兒童,重傷了三人。這個案件,被稱為神戶連續殺童事件。

犯罪人的手段非常殘忍與狂妄,包括分屍、破壞屍體、寄送聲明書和挑戰信等行為。

警方開始以為這是變態的成人作的案,但最後逮捕的凶手竟是一名年僅 14 歲的少年(稱為「少年 A」)。

此犯罪事件的進展共分為三個階段。

第一階段　襲擊模式

1997 年 2 月 10 日,兩名女童走在街道上,被「少年 A」從後面用槌子突然攻擊,造成其中一人重傷。女童當時看到作案人穿著西裝外套,手裡拿著學生的書包。

這一階段的犯罪行為是襲擊模式——嘗試的和隨機的襲擊。

第二階段　殺戮模式

一個月後的某一天,這個「少年Ａ」向一個在山下採花的女孩詢問廁所的位置,好心的女孩帶領他到達學校的廁所時,「少年Ａ」對女童說:「把臉轉過來吧,我要謝謝你。」當女童轉過臉時,他用鐵鎚正面鎚擊女童。在逃離中,被另一名小學生看見了,「少年Ａ」就使用小刀刺向這名小學生的腹部,造成其重傷。

採花女童因傷勢過重,在搶救多日後死亡。

當天,「少年Ａ」在日記中記下:「我今天做了一個嚇人的實驗,來證明人類有多麼的脆弱……當女孩轉向我時,我揮動了手中的鐵鎚……我實在是太興奮了。」隨後又在日記中補寫道:「我好像沒有會被抓住的跡象……我要感謝神明……請神明繼續保護我。」

可見,這是選擇性誘騙的殺戮模式。

第三階段　變態宣洩模式

又過了一個月左右,案件再次更為血腥地發生了。

「少年Ａ」與另一少年相遇,他們本來就認識。「少年Ａ」以「有藍色的烏龜」為由將他誘騙至人少的高臺上,用準備好

的繩子將他勒死,並將其屍體隱藏後離開。

第二天,「少年 A」回到案發現場,將被害少年的頭部割下、隱藏。

第三天,「少年 A」將被害人的頭顱帶回家中,清洗乾淨。

第四天凌晨,犯罪人將被害人的頭放在神戶市內一所中學的校門口。留下聲明書,信末署名為錯誤拼寫的英文「SHOOLL KILLER」,意圖自稱為「學校殺手」。

又過了 20 天,犯罪人以「酒鬼薔薇聖斗」的名義向神戶新聞社寄來「聲明文」。

顯然,犯罪人對這個犯罪事件專門取了一個名字,叫「酒鬼薔薇聖斗事件」。這是什麼意思呢?

原來,酒代表勇氣,鬼代表死神,薔薇代表玫瑰,聖代表聖徒,斗代表搏鬥。

合起來就是「有勇氣的漂亮死神聖鬥士」。

這是犯罪人的一種心理自居作用:犯罪人以漂亮的死神自居,這可能是他的理想。

在書信中,「少年 A」坦然地說:「當我殺人時,我覺得自己從持續的憎恨中獲得自由。減輕痛苦的唯一方法,就是增加其他人的痛苦……」

「現在,就是遊戲的開始。」

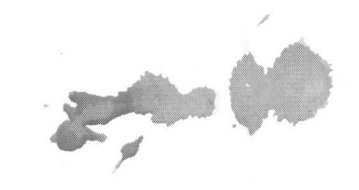

「如果你們認為我只會殺害兒童,那真是一個大錯特錯的想法。」

雖然只是一位少年,但他的行為作風實在是太囂張了!

這裡,我們可以清楚地感受到:他是實實在在地把自己的快樂建立於別人的痛苦之上。

這一階段是精心策劃的、體驗式的宣洩,其中變態的成分很突出:殺害、分屍、虐屍、寄公開信!

在案件的偵查過程中,警方一度懷疑凶手為 20 歲至 40 歲的男子。

後來,警方對聲明信中的筆跡和內容進行分析,再結合目擊女童的辨認,便很快抓住了犯罪人——「少年 A」。

「少年 A」也很快供認了三起凶殺的事實。

因為他只有 14 歲,低於日本刑法規定的 16 歲的最低刑事責任年齡,所以被送入少年感化院。7 年後的 2004 年,「少年 A」21 歲時,從感化院釋放。

事發 18 年之後,也就是 2015 年,32 歲的「少年 A」出版了一部名為《絕歌》的書籍,書中詳細記載了整起殺人事件。

當年的「少年 A」,現在已經是 40 多歲的中年人了。

因為此案件,2000 年日本國會將最低刑事責任年齡從 16 歲降至 14 歲。但是,僅僅 4 年後的 2004 年,也就是「少年 A」從感化院釋放那年的 6 月 1 日——國際兒童節那天,日

青春期犯罪人：狂妄冒險的青春期危機

本又發生了一起 11 歲「少女 A」殺害小學女童事件。這名「少女 A」可是聽著「少年 A」的案件成長起來的學生！

「少年 A」為什麼會成為殺戮的狂魔？他的心理動力是什麼？

「少年 A」在聲明信中斥責日本的教育制度，說是「強迫性的教育造就了我，一個隱形的、殘酷的人」。

其實，早在兒童時期，他的品行障礙的徵兆就已經出現。

兒童時，他已經把虐待和殺害小動物當作「嗜好」；小學時，他經常把抓來的青蛙捆在一起排成一隊，用腳踏車「欣快地」輾殺牠們；進入青春期後，他就開始對女生實施有預謀的殺戮。

我們知道，青春期是人生的特殊時期。

這個時期的青少年處於人生中最為動盪的時期，不但存在著自身生理、心理的衝突，還有來自社會環境的各種正面、負面的影響。這個時期正是人格形成的關鍵時期，負面環境和過度的壓力很容易侵蝕他們的心靈！

青春期的危機主要展現在以下幾個方面。

1. 成人感與依賴性的衝突。他們的身體快速成長，已經是小大人了，獨立意識增強，但生活的各個方面都還要依賴家庭的支持。

2. 性喚醒與性道德的衝突。進入青春期，第二性徵出現，性機能喚醒，但性知識、性意識，尤其是性道德意識沒有建立起來。「青春期最大的風險是，性的慾念已經醒來，但性道德還沒有同時到來。」
3. 認知發展與片面性的衝突。他們知識面擴展，認知能力提高。但這個時期的認知容易片面化、觀點偏激，反抗心理嚴重。
4. 情緒豐富，但衝動性明顯。他們情緒豐富，感受深刻，社會性的情感成熟度低，容易衝動。認知與情感也存在衝突：道理上完全明白的，情緒情感與行為上卻並不一定會接受。
5. 理想與現實的落差。這是自我（角色）建立的關鍵時期，有玫瑰色的理想，很美妙很豐滿，而現實情況卻往往是非常的骨感！如果主觀預期太高，落差就會很大。其中，也有時代和環境差異造成的代溝問題。

這些就是所謂的青春期危機！

1993年，美國發展心理學家莫菲特（Terrie Moffitt）透過跨文化研究後認為，青少年犯罪人可以分成兩類。

第一類，青春期有限型犯罪人，占青少年犯罪人的70%以上。這一類人在童年時期正常，進入青春期才開始有越軌行為；18歲之後，很快就回到正常軌道，絕大多數不再會有

違法犯罪行為。

第二類,終身持續型犯罪人,他們只占青少年犯罪人的5%。這一類人在幼兒、童年時就有各種叛逆行為,進入青春期後,會有品行障礙,甚至有反社會型人格障礙(ASPD)傾向;18歲之後,犯罪行為持續出現,也可能終生伴隨犯罪行為,難以自動中止犯罪。

第二類人發展的基本軌跡是:

注意力不足過動症 —— 品德障礙(包括對立違逆障礙與破壞行為障礙)—— 反社會型人格障礙傾向 —— 精神病態(具有冷酷無情的人格特質)。

注意力不足過動症的具體表現是:注意力難以集中,容易和別人發生衝突。

對立違逆障礙的具體表現是:對抗老師、父母,逃學。

破壞行為障礙的具體表現是:說謊、惡作劇、打人傷人、虐待動物。

反社會型人格障礙傾向的具體表現是:違法或犯罪行為,如破壞公物、盜竊、暴力行為。

最為嚴重的是精神病態傾向。這是一種穩定的、難以矯正的人格特質。

這類青少年如果任其發展,較大可能成為極端惡行與性

侵害的犯罪者。

那麼日本神戶的「少年A」是哪一類青少年犯罪人？

他接受完七年的感化教育之後，好像沒有再犯，但是，根據他在兒童時期的品行和犯罪時的表現來看，他顯然更具有終生持續型犯罪人的特徵。

其中有一個現象需要引起我們的關注：已經中年的他，從來沒有向被害人和被害人家屬道過歉。這說明什麼？是不是說明他內心的犯罪驅動力還是存在的？是不是說明他並不覺得這是什麼大不了的事情？他更關心的，是自己透過犯罪事件獲得的社會關注和出版書籍獲得的利益。

我們再來看幾起相似的案件。

2013年，一個10歲女孩在電梯裡遇到一位老人帶著1歲的嬰兒。就是這樣一次偶然相遇，沒有一點積怨，也沒有衝突，小女孩就頓生惡意。她們到達一樓時，她趁老人移動嬰兒車到電梯外的工夫，就快速地按鍵關上電梯，並強行抱起嬰兒。嬰兒當然不願意，有些哭鬧，她就摔打嬰兒。到了25樓後，她竟然將嬰兒直接從窗戶拋了下去。之後，她還煞有介事地到樓下和嬰兒的家人一起尋找嬰兒！

2016年，一個19歲的年輕人，姦殺了一個11歲的女童。據媒體報導，在其13歲時，就曾殺害過一個4歲的男童。

2019年10月，一個13歲的少年，誘騙一個10歲的女

孩到家裡試圖強姦，遭到反抗後，他就用尖刀殘忍地殺害了女孩，女孩身上留下了七處刀傷！隨後，他將女孩屍體藏在社區的草叢裡。犯罪事件曝光後，他還在社群媒體上說慶幸自己只是虛歲 14 歲（不負刑事責任）！

我們再深入地想一想，即使是有著同樣性格（基因）的孩子，為什麼別人沒有成為殺人者？

不難推測，在孩子的成長過程中，家庭環境、教育模式是極為重要的。具體來說，孩子將來成為什麼樣的人，與家長的教育態度和教育方式密切相關。

其中錯誤的教育方式之一就是過度寵溺 —— 慣子如殺子！

這種教育導致的惡性發展的歷程大致如下：

(1) 小時候是任性的孩子，天不怕地不怕，誰也管不了。

(2) 大一點，在家裡是「小霸王」。

(3) 然後變成更加惡劣的「霸王」。

(4) 到了社會上就成為危害他人安全的違法犯罪者。

這些人違法犯罪時，動機往往很簡單，就是滿足自己的欲望，但是性質卻非常惡劣，後果也十分嚴重。

2019 年，犯罪心理學界還提出了一個專門概念來描述這種情況：極端危險人格障礙！

那麼，這一惡性循環是如何實現代際傳遞的？

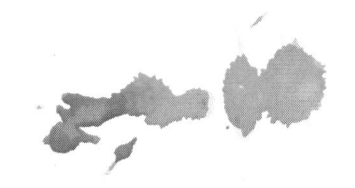

有些人確是有某些遺傳或者變異的負面生物基礎，但更主要的是透過錯誤的教育方式傳遞的，也可以說更多的青少年犯罪是負面的外部環境導致的。

　　這些血淋淋的案件讓我們清楚了解到，在個體成長過程中，心理健康是極為重要的，道德情感和性格的培養對青少年未來的影響遠比學識教育要長遠。

　　在具體的教育方式上，強迫式教育危害極大，容易導致心理病態，如對自我的極端自卑，或者對社會、他人的極端瘋狂。

　　相比之下，引導式、賞識教育往往更能夠取得教育的成功。

　　也就是說，正向而愉快的成長經歷對一個人的一生來說都是極為重要的！

青春期犯罪人：狂妄冒險的青春期危機

ADHD：
神經發育缺陷與青少年犯罪

ADHD：神經發育缺陷與青少年犯罪

結合前面提到的幾起青少年犯罪案件，我們可以想一下，這些年輕的犯罪人為什麼會有這樣殘酷的行為呢？

當今世界頂級的犯罪學專家、劍橋大學的大衛·法林頓（David P. Farrington）教授，建立了一個關於青少年暴力犯罪的早期預測系統，在這個系統中有兩個獨立因素：一是低安靜心率，二是集中注意力差。注意力的嚴重缺陷，用專業術語表述，就是注意力不足過動症。

可能有人說，小孩子的注意力差不是什麼大不了的問題，怎麼還會和違法犯罪行為有關係呢？

其實，注意力差的問題還真不是小事情。為什麼呢？因為一個人大多數的心理和行為習慣是在後天環境中慢慢建立起來的，而注意力是人心理現象的起點。更高階的心理，如感覺知覺的能力、記憶力、思考力、想像力以及社會性情感和人格特徵，都是以此為基礎一步步發展而來的。可以這麼說，沒有好的注意力，就沒有好的覺察力，沒有好的記憶力、思考力，就不可能有健全的心理世界。當然，注意力本身也是慢慢發展起來的，包括注意力的指向性、集中性以及穩定性在內的特質，都可以透過後天培養而成。

而有一類兒童，因為神經系統發育的缺陷，導致他們天生難以集中注意力，這為其日後的學習和品行發展留下了較大的隱患。這種情況，就是注意力不足過動症，也就是前面

說的 ADHD。

現在，我們先來簡單了解一下 ADHD。

早些時候，ADHD 被通俗地稱為「過動症」，或者「過度活躍症」，是兒童期常見的一類心理障礙。一般在三歲之前就會明顯地出現症狀，它的表現是和年齡、發育程度不相稱的注意力不足、活動過度和衝動。中外調查發現，這種心理疾病的患病率為 3%～7%，男女比例為 5：1。有一半左右的人在成年後仍有症狀，它會明顯地影響患者學業、身心健康以及成年後的家庭生活和社交能力。

ADHD 最為重要的發病因素是個體先天的神經系統發育不良，之前，它也被稱為腦功能輕微障礙。它的平均遺傳度為 70%～90%。也就是說，ADHD 主要來自遺傳因素。例如，神經生化和精神藥理學研究發現，這些兒童的大腦神經化學遞質失衡，其中，作為產生心境滿意感和平靜感的重要神經遞質多巴胺（DA）和正腎上腺素（NE）功能都很低下，對人的行為產生制動作用的血清素（5-HT）的程度也很低。可見，ADHD 的發病原因中，生物因素是發揮絕對作用的。通俗地說，就是因為他們的大腦內有不恰當的過度活躍因素，所以他們的外部言行自然就是躁動不安的，相比正常行為而言，多餘的行為自然就停不下來。

具體來說，ADHD 的危害性主要反映在學習困難、適

應不良和品行障礙方面。因為注意力不能保持足夠的時間，他們在學習知識技能時，就必然發生困難。學習知識技能時存在問題，患者會失去自信心，繼而自卑壓抑，學業和人際關係方面的問題就隨之而來。此時，他們又容易受到老師和家長的批評、指責甚至懲罰。同時，由於興奮好動，患者很難靜下心來理解社會的基本規則，尤其是道德規則，那麼，他們品行上的問題也就不可避免了。值得注意的是，大多數的老師、父母最初會以為這些孩子是不聽話、不愛學習，是故意頑皮搗蛋。事實卻是，這些孩子並不是主觀上的不想學習、不想守規矩，而是他們神經系統的過度興奮、過度活躍讓他們根本做不到集中注意力來完成正常的同齡人應該完成的事情。

可見，患有 ADHD 的兒童的不良行為也正是透過學業不良、不能遵守社會規則這兩種途徑發生的。他們的基本發展軌跡是：ADHD —— 品行障礙（包括對立違逆障礙與破壞性行為障礙）—— 反社會行為傾向 —— 精神病態傾向（Psychopathy Inclination）。這其中的發展歷程與機制是一脈相承的，具有明確的連貫性。

對於這些症狀，如果沒有及時的認知和適當的治療，反而是進行嚴厲的管教和懲罰，那麼，相應的負面反應就會隨之而來，而且性質和程度會越來越嚴重。

例如，前文提到的從高樓拋扔嬰兒的 10 歲女孩。

平時她在學校裡就是躁動不安的，基本上不守規矩，言行也怪誕，父母和老師都管不了。在事發前的兩、三天，她的同學就聽她說，她要把小孩裝進書包裡從高樓扔下。她還當著同學的面吃下了捏碎了的蝸牛！由此可以推斷，她應該從小就有嚴重的 ADHD。這很可能和她在小時候的一次交通事件中遭受的腦損傷（TBI）的疊加作用有關。

這類兒童平日裡同樣是強烈興奮的，如言行亢奮、不守規矩。他們在青春期荷爾蒙的作用下具有強烈的性衝動，有明顯的「感覺尋求傾向」，但沒有建立應有的道德規則意識。從醫學和心理學的角度而言，如果能夠進行及時的診斷和治療，就可能大大地阻斷其反社會行為的發展。

這類案件清楚地顯示，兒童的注意力不足過動症，有較大的可能直接引起學習問題和品行障礙。如果一個人沒有培養應有的社會性品格，自然地也只有本能性的驅動力發揮作用了。到了青春期，他們基於本能發生傷人毀物、性侵害等行為的可能性就較高，他們做出反社會行為也就是水到渠成的了。

當然，這並不是說 ADHD 患者就必然是違法犯罪者；而是說，在不當的、錯誤的教育方式，不良環境的影響或者生活事件的打擊下，他們是違法犯罪的高風險族群，更容易

實施暴力行為；他們也更可能被激怒，而進行衝動性的暴力傷害。

醫學臨床經驗與司法實踐都已經證明，ADHD 是青少年違法犯罪的重大隱患之一，如果疊加了後天不良教育的催化，患有 ADHD 的兒童在青春期時較可能成為現實的規則違反者，並可能成為持續型的青少年犯罪人。

所以，ADHD 要及早發現及早治療。臨床上已經證實：如果進行針對性的精神藥物治療和注意力訓練，可以改善患者的注意力和興奮狀態，提高其社會適應性。這樣他們才能順利完成學業，建立規則意識，樹立道德規範，具備正常的心智功能。這也是預防 ADHD 患兒墜入違法犯罪深淵的根本之道。

附：DSM-IV 專業診斷 ADHD

必須符合第一或第二點：

第一點：下列注意力缺失症狀中，必須有 6 種（或 6 種以上）症狀在過去 6 個月內持續出現，而且其程度與孩子年齡該有的狀態不成比例且不合常理。

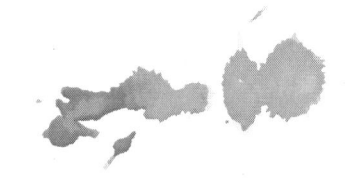

注意力不足

- a. 無法專注於細節,或在做學校功課、做家庭作業及進行其他活動時,常因為粗心大意而犯錯。
- b. 常常無法長時間專注於所做的事情上。
- c. 人們對他說話時,他似乎常常不專心聽。
- d. 常常不完全按他人的指示行事,並且不把學校功課或其他事情完整做完(不是因為叛逆行為或理解力不足的緣故)。
- e. 常常無法有系統地做事情和活動。
- f. 逃避、厭惡或不甘心、不情願地執行需要持續花費心神的任務(如在課堂上或做家庭作業時)。
- g. 常常遺忘做事情或活動所需的工具(如玩具、作業本、書或其他文具用品)。
- h. 常常因為外在事物而分心。
- i. 日常生活中老是忘東忘西。

第二點:下列多動及衝動症狀中,必須有 6 種(或 6 種以上)症狀在過去 6 個月內持續出現,而且其程度與孩子年齡該有的狀態不成比例且不合常理。

過動

- a. 手腳總是動個不停,或在椅子上滑來滑去。
- b. 在班上或其他必須乖乖坐在座位上的場合,時常站起來。
- c. 常常跑來跑去,或在不適當場合過度爬上爬下(青少年或成年人如有這種行為,很可能只造成主觀的多動印象)。
- d. 常常無法安靜地玩或從事休閒活動。
- e. 常常處於忙碌狀態,或經常像是被驅趕著去做事。
- f. 常常過於多話。

衝動

- a. 常常在別人尚未問完問題時,答案已脫口而出。
- b. 無法耐心等候、排隊。
- c. 常常打斷或干擾別人(如突然插入別人的談話或遊戲)。
- d. 在 7 歲之前,便已出現某些造成不良後果的多動/衝動或注意力不足症狀。
- g. 這些症狀造成的障礙在兩個或兩個以上的領域出現(如在學校、工作場所或家庭)。

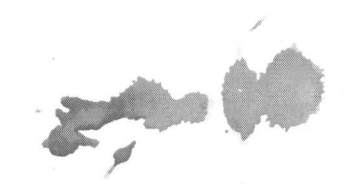

- h. 必須在社會和（或）學校行為或活動方面具有明顯醫學意義的障礙現象。
- i. 症狀不全是在深度發展障礙、精神分裂症或其他精神障礙的發病過程中才出現，並且也無法用其他障礙或更貼切語言加以描述（如情緒障礙、害怕障礙、分離障礙或人格障礙）。

校園暴力：
壓抑憤怒的瘋狂反撲

校園暴力：壓抑憤怒的瘋狂反撲

「校園暴力」這個詞總會強烈地刺激人們的神經。

我們先來看一個真實的案件。

盧某，出生在一個普通的家庭。他從小聰明伶俐，學業成績一直很好，也就是現在人們所說的「超級資優生」。1984年，他18歲時，順利地考入某著名大學物理系；就在進入大學的第二年，他透過物理學教育計畫，被選拔到美國愛荷華大學留學。經過六年的勤奮學習，1991年10月，他順利通過了博士學位論文的答辯。

可是，就在他完成博士論文答辯的幾天後，發生了令人震驚的盧某殺人事件！

1991年11月1日那天，盧某像往常一樣，帶著一個黑色手提包來到學校。物理系的大樓裡，正在進行一場天體物理學的學術研討會。他來到二樓，推開教室門，掃視了一眼坐在前排的專家，然後直接走到教室的後排坐下，靜靜地聽了大約五分鐘的報告。突然，他站起身來，從黑色手提包中拿出一把手槍，快速走到教室的前排，對準他的指導教授，向其頭部與胸部連開兩槍！緊接著，他又把槍指向旁邊的研究助理，也開了兩槍。

槍聲響起，兩人應聲倒下。頓時，整個教室裡驚叫聲四起。盧某又冷靜地走到第三排的位置，用槍指著他的同學山某華，憤怒地瞪了一眼，然後對著他的頭部、胸部開了三

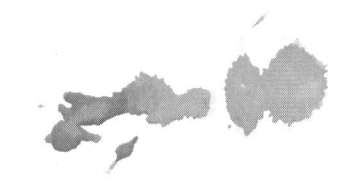

槍，山某華隨即倒在血泊之中。教室裡，大家都驚恐地蜷縮著，一動也不敢動。盧某向會場掃視了一眼，沒有開槍，也沒有說一句威脅的話，直接走出了教室。

盧某快速地來到三樓，直奔物理系主任的辦公室。系主任正在裡面，顯然他已經聽到了樓下的槍聲。系主任放下電話正往外面走，與推開門進來的盧某正面相遇，他倆對視了一下，盧某對著他的前胸就是一槍。在確認系主任已經死亡後，盧某快步走出了辦公室。

教學大樓的廊道裡，有驚恐逃散的學生，盧某沒有開槍，也沒有任何威脅的舉動。

盧某走出教學大樓，來到相鄰的行政大樓，到了三樓，他直接走進副校長的辦公室，副校長一眼看到他手裡拿著槍，驚慌地站起身來，還來不及說話，槍聲就已經響起，副校長頓時倒下。在旁邊位子上的副校長祕書本能地伸手去拿電話，盧某向她開了一槍，祕書也隨即倒下。盧某在現場看了一下，站在那裡好像呆了十幾秒鐘，之後就走出了副校長辦公室。

來到二樓，盧某突然向自己頭部開槍，隨後倒在血泊之中……

這起殺人事件共造成六人死亡。

被害人中有他的指導教授、研究助理，有他的同學山某

華,他們都身中致命的兩、三槍。另外兩名被害人是物理系系主任和副校長。

這是一場有計畫的槍殺事件。盧某在教學大樓與行政大樓裡都遇到了不少人,但他沒有開槍,也沒有任何威脅的舉動。唯一的一名計畫外的被槍擊者是副校長的祕書,因為她本能地去拿電話報警,結果,被盧某槍擊,導致重度癱瘓。

他為什麼沒有隨意殺人?大家想一想,這是不是和1999年的美國校園槍殺事件中槍手Eric有意放走一名曾經幫助過他的同學的情形有幾分相似?

是的,有驚人的相似,因為他們都不是自己仇恨的對象!

盧某殺人的動機是什麼?這看起來就是仇恨殺人。

據美國媒體報導,槍殺發生的直接原因可能是盧某的博士論文沒有獲得學校的最高獎學金,而他的同學山某華卻獲得了該獎項(山某華也因此獲得了在學校博士後研究的工作機會)。盧某認為,這是山某華從中作梗導致的。難道因為沒有獲得獎學金就大開殺戒?事實上,盧某確實向系主任和學校主管副校長反映過所謂教授教育不公平的問題,但是一直沒有人理會。

還有人分析,經過六年刻苦學習即將得到博士學位的盧某,卻無法在美國得到一份體面的工作,因此,他是難以忍受美國社會對外國留學生的排斥才報復殺人的。

可能還有一個比較隱祕的原因：那段時間，他的女友提出了分手，盧某正面臨著親密關係的喪失。但是，他並沒有去報復女友。這樣看來，分手不是主要的原因，最多只是一個助長因素而已。

盧某的槍殺對象非常明確，而且多數有致命的幾槍，表現出他強烈的憎恨，但是，這背後更為深刻的、更為核心的心理動因是什麼？

美國警方截獲了盧某在事發前幾天寄往家鄉的包裹、匯款和信件。信件共有五頁，其中四頁英文一頁中文（中文的信是寫給他二姐的，信中交待了一些事情和對二姐的感謝）。英文信中則充斥著對美國社會不公平現象的憤怒！

從心理現象及行為模式上可以推測，盧某一直以來的偏執性格才是這起報復事件的根本原因。

第一，盧某對自己的期望過高，將自己處境的不如意歸因於指導教授與同學的蓄意為難以及學校管理者的不公平與漠視，認為是他們導致了自己人生的重大失敗。這是他難以接受的現實。

第二，面對這樣挫敗的局面，他覺得自己是徹底失敗了，沒有前途，這樣的人生就沒有任何價值。因而他對美國大學、美國社會充滿了憤怒，最後進行最為徹底的自殺式報復。

更進一步來看，這種偏激性格的核心是什麼？

這裡就涉及一個關鍵的概念——自尊。

什麼是自尊？就是自我尊重，是自己對自己的看重，是在對自己的能力、地位和價值評價基礎上形成的正向感受。一個人有了自尊感才有相應的安全感、歸屬感和價值感。有自尊的人，不會向別人卑躬屈膝，也不允許別人歧視、侮辱自己。但是，不恰當的自尊是自狂、自卑和虛榮，它們都是偽自尊、虛假自尊，是不切實際的，或者是完全依賴外在的評價而形成的。它們有害於心理健康，對行為也有負面的導向作用。

盧某有自尊嗎？表面上看，他的報復行為好像就是為了維護自己的自尊，維護自己的地位和價值。而實際上，這是虛假的自尊。他把自己的價值完全建立於外界的評價上，建立在一事一物上，一件不成功的事情就否定了自己全部的價值。所以，當他沒有獲得博士論文的最高獎學金時，就認為自己是一個完完全全的失敗者，一個沒有價值的人，並且將其歸因於教授、同學的阻攔或者從中為難，從而做出極端的報復行為。這實際上是盧某內心的狂妄和虛榮心在作怪。這才是導致他的偏激行為直接的心理動因。

這一事件震驚了教育界，有媒體說這一事件對天體物理學是重大打擊。

那麼，我們應該怎麼看待盧某殺人事件？

是不是可以這樣來看：盧某事件是他偏執的觀念、虛榮心和環境互動作用的產物。

那麼，具體是什麼原因導致了校園暴力者的出現？

從整體而言，校園暴力者大致可以分為兩大類。

一類是，他們從小到大，本來就是蠻橫無理的人，是家庭養成的暴力者；另一類，是被霸凌後成為暴力者的，是暴力的反抗者。

第一類人，他們往往是家庭教育的失敗導致的。養育一個孩子是生物進化的成果，這不僅是個體的努力，也是人類進步的過程。要培養一個任性的壞孩子很容易，只要對他百依百順就可以了。每一個孩子都是天生的兒童心理學家，他自然就會察言觀色，會準確掌握大人的想法；如果自己的欲望隨時都能被滿足，他就不會去聽從什麼規則。這也是人的惰性決定的。

一杯清水中滴入一滴髒水，這一杯水就髒了，那為什麼一杯清水不能夠清潔一滴髒水呢？這說明什麼？人要學好很難，要克服自己的惰性；而相比之下，學壞就容易多了！

家庭教養在其中發揮了重大的作用，如果方式不當，就會形成隱患。其中，溺愛的方式尤其值得警惕：任性的兒童，長大了就容易變成任性而偏執的青少年。

從小任性,心中只有自己!隨時滿足自己的需求是理所當然的,一旦不能滿足,便生怨氣,甚至仇恨之心。

因此,對孩子不當行為的適當懲戒是必要的,所謂「夏楚二物,收其威也」。

另一種不當的教育方式,是家長的獨斷專行。還有一些家長一味相信「打罵之下出孝子」。結果呢?打罵之下多是逆子!因為孩子們體會了暴力帶來的痛苦,也把暴力當成解決問題的有效方式了。到了學校,遇到不順從自己的同學,或看不慣的現象,他們自然就充當霸凌者了!

另一類校園暴力者,是對持續霸凌的反抗與報復。他們是由受害者變成施暴者的。

一般而言,校園暴力者都有共同的經歷:強烈的挫敗感和心理創傷。主要展現在三個方面。

第一,學習的挫敗感。越軌的、暴力的青少年往往是從學習失敗開始的。實際上,學業不好本身並不是什麼太大的問題,因為學習能力的培養有許多的機會和方法,況且,人生的道路有很多,條條道路通羅馬。但是,如果因為學業不好,老師、家長就全面地否定孩子、排斥孩子,這種標籤的汙名效應才是真正的危害,這樣會導致孩子的自我否定,覺得自己一無是處,進而自暴自棄,也就慢慢出現了情緒問題、觀念問題,並導致人格偏差,這是越軌犯罪的前奏,校

園暴力行為只是其中表現之一。

第二，人際孤立。親人無法理解，同學都遠離他們。他們很可能離家出走，之後更加孤立無助，也有可能加入不良幫派以得到一些安全感、歸屬感。他們在不良幫派中又認同了暴力解決問題的方式。他們漸漸地仇視他人、社會，認為他人才是自己挫敗和痛苦的來源。此時，他們容易把不怕死的亡命之徒看作英雄；如果此時再遇到同樣境遇的同伴，他們就很可能結成同盟，甚至共同到學校去報復：一來保護自己不再受到傷害，二來重新樹立自己所謂的地位與尊嚴。

正所謂「蓬生麻中，不扶自直」；「白沙在涅，與之俱黑」。

第三，更為普遍的現象是，他們在學校持續受到了霸凌。他們的憤怒不斷累積，難以承受，難以消解，甚至造成了心理創傷。這時，校園暴力就成為釋放壓力的直接途徑，變成了一種高機率發生的事件。

我們再來看一起發生在美國的校園槍擊案件。

維吉尼亞理工大學的一名韓裔學生趙某熙，從小隨父母移民到美國。因為亞裔口音和內向的性格、矮小的身材，他經常受到白人同學持續不斷的羞辱和霸凌。到23歲時，他出現了嚴重的心理疾病。他在大學三年級時感到無法忍受，痛苦難當！

趙某熙在半年前就開始準備報復他的同學們。他在網路

上買了兩把殺傷力強大的手槍（其中一把是克拉克手槍，威力很大，射擊精準）。案發前，他在荒野外已經進行了多次的射擊練習。

2007年4月16日上午，他身背一個背包來到學校。背包很沉的樣子，因為裡面裝著兩把手槍與170多發子彈，還有一條鐵鏈。一場校園槍殺已經臨近！

他走進MORRIS教學大樓後用鐵鏈鎖死大門，然後直接來到二樓的教室，推開教室門，教授正在上課。教授覺得他影響了課堂秩序，本想責問他，但仔細一看，他手裡拿著槍！教授還沒有來得及反應，槍聲已經響起。由於克拉克手槍使用的是9mm口徑子彈，殺傷力很大，教授的血噴射在身後的牆上。頓時，教室驚叫聲四起，趙某熙轉身，調轉槍口對著教室的學生憤怒地射擊！在教室的封閉空間，每一聲槍響就意味著一個人生命的逝去。看到教室裡的人都倒在地上，他走出這教室，來到隔壁的教室。

隔壁的教室裡也在上課，聽到劇烈的槍聲，一開始大家蜷縮著不敢動，也有躲在桌子下面的。教室裡有一名女性訪問學者，她坐在前排位置。當槍聲停下來時，她壯著膽子去開門，想看看是什麼情況。一開門，她看到一個人正在推門，手裡拿著槍！四目對視，她第一眼就看到了對方憤怒的眼神！這名訪問學者本能地用力關門，其他同學也趕來全力

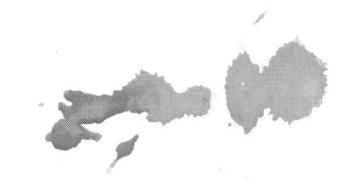

推頂著。大家擔心，怕槍手會向門開槍，但奇怪的是，槍手並沒有開槍，彷彿遲疑了一下，轉身朝其他教室走去了。

大家想一想，槍手能用手槍打開門嗎？完全可以。但是，他為什麼沒有這樣做？後來推斷，是一張亞洲人的面孔，保住了一間教室十多人的命！

然後，槍聲又響起……在 10 分鐘左右的時間裡，他一共瘋狂地射出了 170 發子彈！最後，在警察衝進教學大樓前，趙某熙開槍自殺！

這就是維吉尼亞理工大學校園槍擊事件，加上來學校前在學生宿舍槍殺的兩人，趙某熙共造成 33 人死亡，29 人受傷。62 人的傷亡，這也是目前美國校園槍殺事件死亡人數的最高紀錄！

長時間以來，趙某熙持續地遭受到白人同學的霸凌，身體暴力和言語暴力的疊加，導致了他嚴重的心理創傷：在槍殺事件的半年前，他就已經患上了恐懼症（驚恐發作），甚至看過心理醫生。患上這種精神疾病的人，想起特定的某件事件時會擔心害怕，還會持續不斷地驚恐發作，這種突然發作，彷彿即將面臨死亡。這如何了得？在這種心理狀態的支配下，患者要麼自己消失，要麼讓恐懼的來源消失，那就是自殺式報復！

實際上，學校早已經知道趙某熙的心理問題，趙某熙也

校園暴力：壓抑憤怒的瘋狂反撲

釋放了一些危險訊號，但是並沒有引起足夠的重視。例如，趙某熙選修過一門文學課，他在作業劇本裡描寫了一個少年復仇的故事，其中還詳盡地描述了一個血腥的屠殺過程。他在課堂上宣讀時，同學們都聽得膽顫心驚、後背發涼。下一次上課時，原先班上選課的三十多個同學，只來了一半。老師找到那些沒來上課的學生詢問原因。那些學生開玩笑說，趙某熙的劇本讓他們害怕，他是一個將來某一天可能向同學開槍的傢伙。沒有想到一語成讖，同學的一句戲言竟在不久之後就變成了血淋淋的現實。

而趙某熙的家人忙於生計，忽視了他在大學期間的痛苦遭遇。大家都不知道在文化歧視與霸凌的環境中，一個內向、膽小的年輕人已經轉變成狂暴的校園槍手，轉變成一個走上自我毀滅道路的狂徒！

槍擊發生當天，趙某熙的母親在校園槍擊事件的慌恐之中還是等來了噩耗。警察來到她家裡時，她歇斯底里地問警察：「我的兒子是不是已經死了？」警察回答道：「是的，而且，槍手就是你的兒子。」趙某熙的母親簡直不相信自己的耳朵！當場就昏死過去了。

趙某熙在事發前幾天，寫下了 1,800 多字的聲明書，錄好了光碟，把它們一起寄到報社。聲明書以過去式的時態表達了他對美國個人欲望膨脹與種族歧視文化的仇恨，並向他

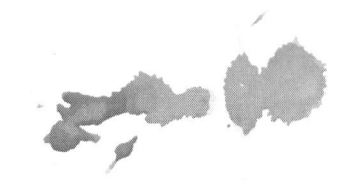

自己崇拜的所謂的兩名「勇士」致敬：一是 1999 年的科羅拉多中學的校園槍手 Eric，二是持續 18 年投放郵件炸彈的「天才瘋子」卡辛斯基（Ted Kaczynski）。至於聲明書上為什麼用過去式，因為他知道當大家看到這份聲明書時，他早已經不在這個世界上了。

這就是校園霸凌帶來的心理創傷和仇恨，加上美國氾濫的槍枝暴力文化，導致了類似慘案持續上演。

校園的霸凌者就是他仇恨的對象，並慢慢地擴及到對美國文化、大學校園的憤恨，這種嚴重的心理創傷正是校園暴力發生的直接原因。

那麼，應該如何預防校園暴力？

在家庭教育中，要有科學的教養方式，以真正的愛來培養孩子。同時，也要磨練青少年的堅強意志，因為溫室裡是長不出參天大樹的。

在學校裡，要有有效的制度，及時化解同學之間的矛盾、衝突，防止同伴之間霸凌及其對學生心身帶來的創傷。

而且，家長和老師也要格外注意青少年已經發出的以下危險訊號。

◆ 加入不良幫派，有不良的行為表現。
◆ 有持續的冒險行為。

- 在個人作品、日記、日常言行和網路社交平臺中表現出尋求刺激、叛逆和反社會行為的傾向。這種狂妄表達實際上是潛在的攻擊意向。
- 特別關注相關攻擊事件，這是在尋找模仿對象。
- 暴力準備，如制定暴力計畫，準備武器、爆炸物等，這些都是最為緊迫的危險訊號！

對校園暴力風險的介入方式包括：

- 讓家庭成為青少年成長中最為重要的精神港灣。
- 讓青少年在學校裡有親密關係的好同伴：這是重要的保護因子。
- 學校要特別關注青少年成長中的非智力因素：正向的情感與意志特質尤其重要。
- 當發現危險訊號時，要及時進行心理輔導，必要時少年司法方式也需要緊迫地提前介入。

高中生弒母：
壓抑憤怒的火山爆發

高中生弑母：壓抑憤怒的火山爆發

2021 年，有了兩起高中學生殺害自己母親的案件。

其中一起案件中，17 歲的楊某，是就讀於某高中的高三學生，楊某的母親是 46 歲的全職媽媽。一天，楊某因不服從管教和母親發生了爭吵，隨後親手殺害了撫養自己 17 年的母親！事後楊某逃跑，其母親的屍體直到第二天才被發現。

另一起慘案中，同樣是 17 歲的高三男生李某，也是因為母親不停地說教，他在情緒激動的狀態下用菜刀將母親殺害。

很明顯，這兩起案件有諸多共同之處。一是兩個犯罪嫌疑人都是 17 歲，都是高三在學生，都處在學業的關鍵時期；二是兩位受害母親都是全職媽媽，為了孩子的升學，辭去工作專心陪孩子；三是案件發生的直接起因都是「孩子不服母親管教，發生激烈的衝突」等等。

17 歲的高三學生、全職媽媽、管教衝突等關鍵字讓這兩起極其相似的案件有了一些清楚的脈絡。兩位全職媽媽放棄自己的工作，可謂全心地奉獻、犧牲。可是，為什麼真誠的投入付出換來的卻是「血光之災」呢？即使孩子不領情，也不至於動手傷害、殺害自己的親生母親啊！

這種行為，屬於情緒激動下的暴力行為，是在特定的人際互動、衝突情景下的「激情犯罪」和「激情殺人」，是典型的反應性暴力。它與主動預謀的掠奪性暴力行為有明顯的區

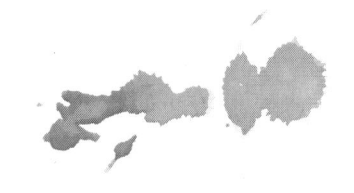

別。最為明顯的區別是,犯罪人對被害人沒有深仇大恨,也沒有故意殺害的預謀準備,只是在升級的衝突情境中、在極端憤怒的情緒的作用下,做出的一種宣洩反應。當時,高漲的憤怒情緒就像驚天駭浪、洪水猛獸一樣控制了行為人全部的心理感受和外在行為,彷彿有一股不可控制的力量驅使著他們,直到憤怒的情緒完完全全地、原始般地表達、宣洩出來。直到看到悲慘的後果,理智才慢慢地恢復過來。但是,往往是後果已經造成,悔之晚矣。

犯罪人的個人品行自然是我們譴責的目標,如偏激自私的態度和習慣化的魯莽言行等等。同時,在分析這種特殊親情下的憤怒和極端的心理壓力產生原因的時候,我們很容易聯想到心理學中的「刺蝟效應」。

「刺蝟效應」來自於西方的一則寓言,說的是在寒冷的冬天裡,兩隻刺蝟要相依取暖,一開始由於距離太近,各自身上的刺將對方刺得鮮血淋漓,後來牠們調整了姿勢,拉開了適當的距離。這樣,牠們不但能夠取暖,而且還能很好地保護對方。

「刺蝟效應」不僅適用於工作關係,也適用於家庭成員之間。家庭成員之間過於逼近的心理距離,容易破壞彼此的「邊界感」,一旦其中的一方強勢過了界,被動的一方則會感受到個人的心理空間被侵犯,內心會產生壓迫感。壓迫感就

會產生壓力和壓力反應，有可能驅使個體做出不受控制的衝動行為。

在這兩起悲慘的案件中，正是母親的催促式教育帶來的「心理壓迫感」，導致了孩子憤怒情緒的泛濫和暴力衝動行為的發生。

17歲的少年正處在青春期的關鍵時期，隨著身體的快速成長，他們心理上的「成人感」和獨立意識也在急遽成長。這一時期的孩子正處於「獨立意識」激增的階段，他們不願聽父母過多的指教和嘮叨，即使他們明白父母說的都是對的。他們內心對這些反覆說教往往以不耐煩、反感、迴避等情緒和行為來應對。這就是反抗心理的外在反應。

其實，這種反抗心理正是他們獨立意識、成人感的正常表現。所以，在這種強烈的獨立意識影響下，父母與子女間的「邊界感」和適當的心理距離就顯得極為重要。父母如果不停地破壞這種「邊界」，把自己的意願持續地強加於子女之上，就很容易產生與自己意願相悖的結果。

這種持續地突破邊界的行為，對青少年帶來的心理壓力也會持續累積。它的後果要麼是焦慮、憂鬱，要麼是憤怒。前者是對自己的攻擊，後者是對他人的攻擊。父母激動的言行，表面上都是「愛的表達」。如父母常說：「我是為了你的前途，為了愛你才管你，才對你發脾氣啊！」但是，本質

上,這是父母自己情緒管理的失控。而這種情緒失控的負面影響直接反作用在孩子身上。

父母關心子女的學業、關心孩子的成長是天經地義的事情,但問題的關鍵是,如何理性、適度、有效地關心子女的健康成長。一方面,激勵孩子盡自己的努力去實現個人的目標,盡吾志者無可悔也,也就是說盡力就好了。尤其是現在的高中生,要面對升學考試的強大壓力,絕大多數孩子更需要的是心理減壓、輕裝上陣,更需要父母潤物細無聲般的鼓勵。

另一方面,父母的迫切希望與實際效果之間並不是成正比的。這就是心理學上所說的瓦倫達效應:越是在乎,就越容易失敗。

瓦倫達(Karl Wallenda)是美國著名的鋼索表演藝術家,在以往的很多表演中他從來沒有出過事故。而在一次非常重要的表演中,他面對全場的知名人士,更加深知這次表演的重要意義——它會決定他在鋼索表演界的地位。他不斷地想著,「這次表演太重要了,千萬不能失敗,千萬不能失敗」。他越是擔心這些,就越是心神不定,最後從鋼索上跌落下來。這種受到過度關注又患得患失的心態,就是瓦倫達心態。

正如上述案件中,兩位母親對兒子的學業過度擔心,導

致她們無形之中向孩子施加了過多的壓力以及負面情緒，以致孩子的內心幾近崩潰而母親卻渾然不覺，最後釀成災難。

　　教育既不是放任不管，也不是強迫式的管得太多。高明的教育是守望，再加上支持和鼓勵。換言之，成功教育的常態是賞識教育；是以無條件的積極關愛為核心，以一顆心靈喚醒另一顆心靈。

少年的情緒化反抗：
自尊極致化與英雄主義迷思

少年的情緒化反抗：自尊極致化與英雄主義迷思

2004 年，一個 15 歲的少年陳某某，在面對校園霸凌時反殺了霸凌者，這起校園暴力案件重新激起了人們對少年犯罪人強烈攻擊行為及其獨特心態的關注。

這是一起典型的校園暴力事件，特別值得注意的是，暴力在較短的時間內快速升級。

這起事件的起因其實很簡單，就是在學校餐廳排隊點餐時，一個同學無意中踩到了陳某某的腳，而這個踩人的同學表現出蠻不講理的態度。他不僅不道歉，反而挑釁地說：「我就是喜歡踩！」在這樣憤怒的情緒對抗中，雙方發生了激烈的爭吵。隨後，踩人者還叫來七、八個同學多次對陳某某進行辱罵和毆打。最後，雙方揚言以「校外約架」方式來解決衝突。被踩腳的陳某某沒有把這些事情告訴老師和家長。他隨身攜帶一把刀具隻身前往約定的校外地點，在激烈的肢體衝突中，踩人者被陳某某用刀刺破了胸前的主動脈，不治而亡。

正如筆者在前面介紹的，校園暴力者可以分為兩類人，這兩類人同時出現在本案中。一類是，他們本來就是小霸王，平日裡就是張狂霸道的，校園暴力行為是他們平日裡的習慣性行為，比如這次事件中的踩人者。而且，他們的暴力行為常常以少年幫派的形式出現。這些結夥的同學為什麼會多次、積極參與毆鬥？因為他們有大致相同的成長歷程，有

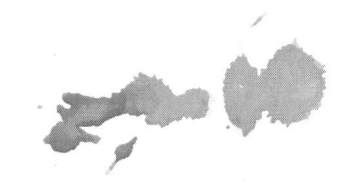

相同的、相似的以強凌弱的心態。並且,在這種幫派中,他們確實能透過參與「集體行為」,在小圈子裡獲得一種所謂的歸屬感和存在感!

這種行為的成因可以從前文關於「溺愛」和暴力式的教育方式的討論中找到確切的答案。

校園暴力中的另一類人,是被霸凌之後的反抗者。比如這次事件中被踩腳的陳某某。這類人往往是在遭受生命威脅時啟動生存模式才實施暴力反抗的。常見的情況是,他們持續地受到霸凌,包括言語的威脅、身體的傷害,還有精神上的脅迫和控制。直到最後,當他們無法承受不斷累積的心理壓力,甚至生命的威脅時,就快速地從受害者變成有預謀的報復者。

可見,這兩類校園暴力者的主觀惡性是不一樣的。

前者是主動挑起霸凌行為,主觀危險性較大,會持續地霸凌其他同學。而且,在多次的霸凌行為發生後,如果沒有得到應有的懲戒,或者被霸凌者因為害怕而隱忍,往往會大大助長他們的囂張氣勢,他們的霸凌行為也會更加無所顧忌,越來越凶狠。甚至,他們長大之後會變成持續的暴力犯罪者。因為之前的經歷使他們感覺到,透過暴力手段可以快速地達成自己的願望。

而後者是被動實施暴力行為,這種行為是反應性的,相

少年的情緒化反抗：自尊極致化與英雄主義迷思

比之下，他們的主觀惡性是較低的。當然，在憤怒情緒的作用下，在激烈的衝突中，在恐懼——打擊準備模式的醞釀中，在個人英雄主義情結的作用下，這種情緒往往也可能導致不可預期或超出計畫的災難性後果。

因此，校園霸凌的主動發起一方是蠻橫的社會規則破壞者，是青少年過度膨脹的個人主義的展現，而且，他們更有可能成為持續的違法犯罪者。而被霸凌之後作出攻擊反應的一方，作出挽回自尊的努力，雖然也是青少年個人英雄色彩的反應，但其主觀惡性、主觀危險相較前者較低。這也警醒青少年，在遭受校園霸凌行為時，應該在理性的指引下，及時地尋求家庭、學校、社會及法律的協助。

那麼，遭受校園霸凌、暴力後，被霸凌者是不是就必然成為施暴者？

對青少年來說，確實存在這樣的風險，尤其是對那些本就性情急躁的青少年而言，這種風險更大。但是，這也不是必然的。遭受傷害只是誘發校園暴力的因素之一。這時候，家庭、學校和警察司法機關的支持就是防範校園暴力的重要力量。心理學證明，有效的社會支持是預防青少年暴力行為的重要因素。

校園暴力是難以完全避免的，這和青少年的生理、心理特點有連繫，也可以稱為青春期之生理與心理的興奮性、衝

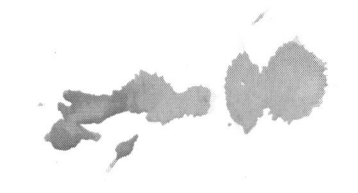

動性、偏激性和情緒化所構成的青春期危機。

那麼,在校園生活中,如何才能避免成為受害者和施暴者呢?首先,就是盡快離開這種火藥味很濃的現場,那不是可以冷靜下來講道理的地方。甚至可以說,在那種場合,講道理絲毫解決不了問題。不斷的言語衝突只會讓事態越來越差,甚至引爆雙方情緒的「火藥桶」。更為重要的一點,就是及時向相關安全責任方求救。

例如,在上述這起事件中,如果被霸凌的陳某某在遭受身體傷害之後立即向老師、家長求助,或者直接報警,就有多次機會可以化解危機,阻止事態的惡性升級,而不需要一次又一次讓自己處於危險的境地,最後只有以命相搏,釀成慘案。

在自己完全沒有應對能力的情況下,陳某某沒有向老師、家長、警察發出過一次求助,只是孤身一人去面對,這不是真正的英雄行為,而是意氣用事,是魯莽行動。本質上,這只是一種在極度追求自尊與英雄主義的混合作用下,在極端的憤怒情緒的刺激下做出的劇烈反抗行為。

在這類事件中,還有一個重要的影響變數 —— 武器聚焦效應。在這一事件中,衝突的雙方都攜帶並使用了刀具。在激烈的衝突中,任何人看到刀具,都會自然而然地感到害怕,刀具的出現讓雙方的恐懼感大大地增加,雙方都會立刻

想到先下手為強,先做出攻擊行為以制服對方,或者保護自己。

這就是武器聚焦效應:當身體出現劇烈疼痛時,或者感覺到面臨生命威脅時,刀具(或其他武器)就會立即成為具有殺傷力的凶器,從而在極短的時間裡使其危險程度大為增加。

這種武器聚焦效應,使得刀具一類的危險物品擴大了極度追求自尊與個人英雄主義行為的現實危害。由此也可以看出,青少年的安全教育與校園安全工作容不得半點疏忽。

正所謂「魔鬼隱藏在細節之中」,千萬不要讓細節成為惡的放大器:不能讓青少年的逞強心理、言語挑釁、肢體衝突,以及攜帶刀具這些細節成為校園生活如影隨形的潛在風險。

親生母親虐待親生女兒：
情感創傷的病態宣洩

親生母親虐待親生女兒：情感創傷的病態宣洩

2020年2月至5月，一個6歲女童遭受親生母親及其男友的殘忍虐待。這件事透過網路的擴散自然引起了人們的極大憤怒。其中虐待的細節讓人不寒而慄。如果不是孩子的外婆發現，報警之後緊急搶救，這個遍體鱗傷的孩子早已經在極度的痛苦與驚恐之中離開這個世界了。

人們不禁要問：這是一個母親的所作所為嗎？

怎麼會有這麼一個人性泯滅的母親？

這種殘忍行為背後的心理動力是什麼？

一個母親虐待、殘害自己的親生骨肉，這不但不符合自然法則，更是嚴重地違背了社會道德和基本的人性。這種虐待型的故意傷害行為背後，往往有著一些深層次的、隱祕的原因。

首先，孩子是成人婚姻破裂的替罪羊。虐待行為和這個母親原先的情感生活有密切的關係，這個母親偏執地認為是孩子的親生父親導致了自己生活的不幸，導致了自己所有的痛苦。原先的婚姻走向破裂，客觀上無論誰是誰非，這個母親都認為是對方的行為改變了自己的命運，給自己帶來了無盡的痛苦。這直接導致了她對孩子的父親懷恨在心，且壓抑持久。離婚之後，孩子跟她在一起生活，孩子的一切都在反覆地刺激著她。例如，孩子長相或者言行像父親，她一看到這些便自然地想到對方，自然地引發痛苦的記憶和憤怒的情

緒；孩子也可能不經意間提到爸爸的好或者想起爸爸，這些都會一次又一次地刺激她的痛處，甚至重新揭開她的心理疤痕。

那麼，這種怨恨為什麼會演變成為傷害孩子的虐待行為？因為此時，這個母親內心的創傷持續地隱隱作痛，不斷累積，痛苦越發強烈，以至於漸漸地，她既喪失了基本的道德情感，也失去了正常的理性。她將憤怒和仇恨發洩到孩子身上，彷彿孩子就是前夫的化身，是自己痛苦的來源。她將憤怒發洩到孩子身上就等同於發洩到前夫身上一般。甚至，在折磨孩子的過程中，她並不覺得孩子也是自己生命的延續，她只會把孩子看作前夫留下的「孽種」，看到孩子痛苦就如同看到前夫遭受痛苦一樣。這樣，孩子就完完全全地成為她宣洩內心仇恨的替罪羊！

在這裡，我們可以看到情感破裂的心理創傷、憤怒仇恨的情緒與替罪羊這些關鍵的要素，因為它們直接引發了一種冷酷無情的替代報復心理，進而導致了虐待型的故意傷害犯罪。

其次，這個女童的母親實際上已經具有了一種病態的心理動力。在長達三個月的虐待行為中，這位母親沒有一點點的反省和覺悟，心理學稱之為「良心泯滅」。這說明她已經具有了冷酷無情的人格特徵，她並不在乎自己女兒的痛苦和死

活，只在乎自己瘋狂的情緒宣洩。而且，還有一種可能是，在目睹孩子飽受身體和精神的極端痛苦時，她反而會有一種發洩憤怒、仇恨的興奮感和欣快感。也就是說，她很可能演變成了一個施虐狂。這絕對是一種病態心理的表現，每次對孩子的虐待都會伴隨著強烈的興奮與欣快。這也是她在幾個月時間裡持續作惡，並且手段越來越狠毒的內心原動力。

再次，從案件公布的資訊來分析，這個母親並不是天生的惡人，她不是天生的犯罪人！具體來說，女孩的母親之所以會形成這樣極端的仇恨之心、扭曲的內心世界，和她前期的情感生活中的心理創傷有密切關係。較有可能的是她自己在年幼時的成長環境中，遭受過類似的虐待，比如來自父母的暴力傷害、忽視行為，也可能是旁人的虐待行為⋯⋯這使得她從小就感到了遭受虐待的痛苦，並且學到了這種行為方式，還有應對痛苦的極端反應模式。換言之，她自己在小時候遭受了某些心理創傷，形成了對他人的極度仇恨，並慢慢地形成了偏執型的人格障礙。這種人以自己的偏執想法與情緒為中心，極度地主觀且任性，缺乏基本道德和理性的引領。也就是說，她虐待孩子的行為，是在自己的心理傷疤的基礎上，在情感關係破裂的刺激下，極端情緒的再一次爆發。自然地，無辜的孩子成了替罪羊！

最後，在這起血淋淋的虐待事件中，她的男友是一個不可忽視的助長因素。她的男友的心態顯然也是極端負面，甚至是極度扭曲、極度陰暗的，他對這個小女孩同樣沒有一點點的同情之心。他不僅沒有阻止女友持續的施虐行為，反而助紂為虐；兩個成年人的加害行為相互刺激、循環升級，他們以猙獰的面目，共同瘋狂地殘害一個無辜的小女孩。

　　面對這個殘忍的案件，對於犯罪人來說，我們能想到的詞語是良心泯滅、冷酷無情。這是變態心理、病態人格導致的犯罪行為，是一種虐待型的故意傷害犯罪。

　　對於受害的小女孩來說，在治療身體創傷的同時，還需要特別注意給予持續的心理幫助，及時地進行心理急救和系統性的心理支持。不僅要幫助她度過這段嚴重的心理危機，更要幫助她早日回到陽光明媚的生活。讓人間的溫暖情感、社會關愛和專業人士的支持來撫慰這顆幼小脆弱的心靈。

親生母親虐待親生女兒：情感創傷的病態宣洩

犯罪實驗：
權力、服從與集體瘋狂

有人說：人的內心有天使，也有魔鬼。

對此，你相信嗎？

至少，在西方的宗教故事裡是有這種說法的：曾經的大天使長，因為對高高在上的權威不滿，帶領三分之一的天使造反。最後，這位大天使長戰敗，被打入地獄，變成了魔鬼的化身。

這個大天使長就是西方宗教故事中的人物——路西法（Lucifer）。

社會心理學中所謂的「路西法效應」，就是在天使（善良）變成魔鬼（邪惡）過程中的演化效應。

那麼，路西法效應在現實的人世間是否真實地存在？

如果有，路西法效應在什麼情況下才會發生呢？

我們先來看一個著名的心理學實驗——電擊實驗（權力——服從實驗）。

如果有人讓你用高電壓電擊一個陌生人，僅僅是因為他在學習中犯了一個小小的錯，你會這樣做嗎？可能不會吧。但是，真實情況是怎樣呢？

在1960年代，耶魯大學社會心理學家米爾格蘭（Stanley Milgram）就做了這樣一個很有爭議的電擊實驗。

這位心理學家為什麼做這樣一個實驗？

米爾格蘭是猶太裔心理學家。大家知道，在慘烈的第二次世界大戰中，猶太人被有計畫地、系統化地屠殺，這就是納粹實施的「種族清洗」。其最終解決方案的執行者是被稱為「猶太人屠夫」的艾希曼（Adolf Eichmann）。戰後，以色列情報特務組織摩薩德經過 15 年艱苦卓絕的追查，於 1960 年在巴西將艾希曼逮捕，並將其偷運回國，在耶路撒冷公開審判，審判過程全部公開。在審判中，艾希曼不停地辯解說：「我只是在執行命令。」最後，艾希曼被判處死刑。大家原本以為艾希曼這樣凶狠的人物，肯定是滿臉橫肉，面目猙獰。其實不是，他有一張很平常的臉。猶太人記者鄂蘭（Hannah Arendt）全程旁聽了法庭審判，她詳細地收集了資料，寫成了一本轟動一時的書——《平凡的邪惡》（*Eichmann in Jerusalem: A Report on the Banality of Evil*）。

　　在這樣的時代背景下，同為猶太人的米爾格蘭，向耶魯大學申請了一筆科學研究經費，用於研究什麼樣的人在什麼情形下才會變成為這樣違反道德、違背基本人性的人。

　　他在社會各階層中招募了 40 名受試者，這些受試者每人每天可以得到 4.5 美元的報酬。

　　經過多次的前導實驗，正式實驗於 1963 年開始。

　　在正式實驗開始前，實驗者清楚地告訴這些受試者：這是心理學的聯想記憶實驗，在實驗中要進行電擊懲罰，以檢

驗懲罰對學習效果的影響;「學生」每做錯一次,就要被「老師」電擊一次,而且電擊的強度會隨著錯誤次數的增加而提升。

在實驗的控制臺上,明顯地標示著 30 檔的電擊位,從 15 伏特到 450 伏特,電擊檔位被標示為三組:輕微電擊組、中等電擊組、高壓危險電擊組。

在配對學習中,真正的受試者都是擔任「老師」的角色,而實驗助手(虛假的受試者)扮演學生。

實驗中,受試者真切地以為自己實施了電擊,而實際上,這並不是真實的電擊:因為被電擊的學生是實驗助手,他們故意回答錯誤,並假裝自己被電擊了,表演性地做出各種痛苦的(升級)表情。

實驗前,實驗者還請精神病專家、學生和社會人士做過預測:在這樣的實驗中,會有多少人實施電擊?會實施多大程度的電擊?調查結果是:被調查者認為只有 1%～3% 的人會實施高電壓電擊,也就是說,他們認為,40 個人中最多只有 1.2 個人會以高電壓電擊對方。

但實驗的結果是:80% 的受試者都實施了 300 伏特以上的電擊,即 40 個受試者中有 26 人實施了最高等級的電擊!也就是說,有 65% 的受試者實施了最高等級 —— 450 伏特的電擊。

當然,在實驗的後面階段,所有的受試者會有高度緊張、焦慮的反應。

而這時,實驗主試者往往就發出命令:「執行下去,必須做下去!」這樣,將近三分之二的受試者最終在實驗中實施了最高等級的電擊懲罰!

在耶魯大學的檔案紀錄中,類似的實驗有 24 項。它們顯示,實驗中有 60% 以上的受試者服從了電擊命令!

當然,不同的情境設定,實驗結果會有所差異。例如,如果實驗的命令者以較為正式的形象(穿西裝)出現,受試者的服從比例就較高;而如果命令者以隨意的或非正式的形象出現,受試者的服從率則會明顯降低;如果主試者以電話方式發出命令,只有 21% 的受試者服從;而如果受試者與「學生」分別在不同的房間裡(受試者看不到、聽不到「學生」的痛苦反應時),受試者會有高達 93% 的服從比例!

這個實驗得出了什麼樣的結論?

1. 權威的力量強大:它會與現存的倫理道德,甚至基本的同情心對抗。
2. 特定情境的力量有時也可能大於行為人已有人格與信仰的力量。

當然,在違反道德而服從權威的命令時,受試者絕大多數會有緊張、焦慮等痛苦反應。這說明被壓制的道德仍然在

犯罪實驗：權力、服從與集體瘋狂

發揮作用。

在此實驗多年之後的追蹤調查顯示，只有1%的受試者後悔在實驗中電擊了與其沒有任何恩怨的陌生人，而高達99%的受試者非常肯定地認為這是科學研究所需要的！

在這個具有挑戰性的實驗的鼓勵下，為了進一步確認特定情境對行為人的影響，也有其他研究者做過一個著名的模擬監獄實驗。

美國當代著名的社會心理學家津巴多（Philip George Zimbardo），在1971年時並不出名。米爾格蘭是他的中學好友，也是他在耶魯大學時的同事。津巴多在他的電擊實驗的啟示下，突發奇想：他想做一個監獄實驗，看看在模擬監獄中會發生什麼樣的事。

津巴多在史丹佛大學心理系閒置的地下室簡單地改造了一個模擬監獄。其實很簡單，就只有三個房間，很像當時美國的普通牢房。

實驗團隊向社會招募18名受試者，這些受試者每個人每天可獲得15美元的報酬。這項實驗計畫進行14天。即實驗任務完成後，每人可得到210美元。

實驗以模擬逮捕過程開始：穿制服的警察開著警車，到受試者的住處，當面宣讀逮捕令，然後向他們戴上手銬，把他們押上囚車帶走。

到了實驗場地後，這些受試者隨機分成兩組（獄警組與罪犯組），每組有 9 名成員。

獄警組以穿警服、手持警棍為標示。

罪犯組則以穿囚服作為標示。

實驗規則是：所有受試者需要按各自的角色行事，共同完成 14 天的角色模擬任務。

實驗開始時大家都覺得這像玩遊戲一樣好玩，有一定的刺激性，並沒有什麼壓力。但出人意料的是，實驗的第一天就出現了麻煩。

第一天，衝突初露端倪。「獄警」開始斥責「罪犯」，用警棍比劃，惡語訓誡對方：「你們要服從命令！按時睡覺，按時起床！」而且他們還會重重地敲打鐵門。「罪犯」則想，怎麼還來真的，他們心生怨氣，一直碎唸，和「獄警」有些言語衝突。

第二天早晨，有幾個「罪犯」沒有按時起床。「獄警」就直接對「罪犯」實施懲罰：要求他們不停地做伏地挺身，並命令他們重複清掃廁所。「罪犯」從明確反對直到反抗，並在怒罵推擠中和「獄警」產生了肢體衝突。但是，「罪犯」最後還是屈服於「獄警」的權威，極不情願地接受了體罰。

第三天，衝突驟然升級。「罪犯」感到自己受欺負了。「他們有警察特權，所以，我們要團結起來對抗他們。」「罪

犯」馬上作出有計畫的反擊,設計襲擊了兩個「獄警」。

第四天,相應地,「獄警」迅速地作出報復性的反應,有所針對地對「罪犯」中的策劃者、組織者進行加倍的身體懲罰與精神懲罰(羞辱)。

第五天,雙方的衝突升級為有組織性的、更為嚴重的暴力行為。「獄警」與「罪犯」都實施了有計畫的襲擊、毆打與縱火行為。對「獄警」而言,他們是在實行強而有力的權力管理,是在懲罰對方;對「罪犯」而言,他們是為了保護自己和找回尊嚴,不得已才奮力反抗。此時,雙方的暴力衝突已經非常嚴重,甚至隨時可能危及對方生命了。

在實驗進行到第六天時,學校來了一個學術考察團參觀。他們聽說有這樣一個實驗,就好奇地來看看。考察團一看實驗現場,發現不對勁,有危險情況,實驗再這樣做下去會出人命的,於是建議馬上中止這個危險的實驗。其中的極力勸阻者之一就是津巴多後來的妻子。

幸好,實驗主持者津巴多聽從了這一建議,他覺得實驗的目的也達到了,就中止了這一危險的實驗。

這個監獄實驗的結論是什麼?

1. 在規則的驅使下,人們很容易發生角色認同:在隨機分組之後,很快形成了警察心態與罪犯心態。一組是:「我

們是警察,有權力按警察規則行事了。」另一組則是:「我們就是罪犯,就要進行有力的反抗!」
2. 情境的感染力很大:哪怕是模擬的監獄環境也很快地造就出尖銳對抗、衝突的氛圍!

對抗從言語衝突到肢體衝突,再到有計畫的暴力衝突。其中,人際衝突的進展很快:內部群體與外部群體自然形成。同時,在雙方的對抗中,還展現出領導者、組織者的作用:有發揮控制作用的,有服從的,也有從眾的,這樣各自獲得了群體內的權力感、安全感和歸屬感。

這些結論,得到了社會心理學界的普遍認同。這個實驗還多次拍成紀錄片和電影,其中一部電影的名字叫《死亡實驗》(*The Experiment*)。2004 年,作為著名的社會心理學家,津巴多應美國司法部門的邀請,成為 2003 年美軍虐囚事件審判的專家證人。

我們知道,犯罪行為有單獨實施的,也有共同實施的。

在共同犯罪中,除了共同犯罪目標的吸引之外,還有什麼力量把犯罪人聚集在一起去犯罪?其中,就有群體凝聚力的因素。

那麼,在團體犯罪中,這種凝聚力是怎麼展現的呢?

以青少年團體犯罪為例,他們可能一開始就是出於共同的興趣、相似的遭遇聚集在一起。其中一旦有人出現越軌或

犯罪行為時，團體的影響力就發揮作用了。這種影響力主要展現在服從心理和從眾心理兩個方面。

第一，服從心理。比如同伴受欺負了，就要去報仇；打架就要一起上，有難同當，有福同享，美其名曰：「為朋友兩肋插刀！」這是幫派規則與潛規則的作用，也有幫派主犯對幫派組織的控制作用。

第二，從眾心理。例如，在不良幫派中，大家想一起去網咖玩遊戲，可是沒有錢，有人就提出盜竊工地的財物來換錢玩。有人贊同，那其餘的人會怎樣選擇？不去，意味著離開幫派；去，就是違法犯罪。這時，從眾心理就自然會發揮作用。

常見的情況是：「大家一起去！反正也不是我一個人做的。」這就是責任擴散心理在發揮潛在的強大作用。

而在升級版的團體犯罪，也就是組織犯罪中，又有什麼表現呢？

例如，黑手黨就是組織犯罪的最高階的形態。黑手黨，原本是義大利西西里島的民眾為了保衛產業利益而自發形成的自治組織，後來演化成為以極端暴力為特徵的、高度組織化的犯罪組織。19世紀時，在歐洲向美國的移民浪潮中，建立起以紐約為中心的犯罪集團，後來被美國聯邦調查局（FBI）摧毀。

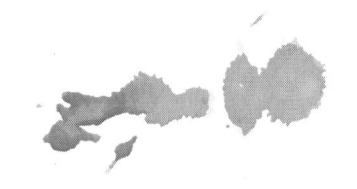

黑手黨犯罪的惡名昭彰,但它的運作效率很高。因為它有嚴格的幫規,比如命令第一,服從命令是絕對的要求;尊重幫派的任命等等。

具體來說,組織犯罪集團成員的心理也表現在以下兩個方面。

1. 無條件服從。

犯罪組織有明確的獎懲規則與等級規定;而且犯罪首領的意志具有絕對的權威性,其他成員對其命令要無條件服從。這樣,可以保證「犯罪利益的最大化」。

2. 對犯罪組織有歸屬感與榮譽感。

比如在黑手黨中,「戴禮帽,穿風衣,手拿 AK47」更像是一種榮譽的標識裝扮。

此外,還有一種特殊的群體犯罪,它們不是共同犯罪,卻有著和共同犯罪一樣的嚴重的破壞性,這就是集群行為。集群行為主要表現為眾多人在特定情緒的感染下,發洩憤恨、宣洩不滿的破壞行為。

這類犯罪往往是眾多人為某個事件所吸引,聚集在一起,在狂熱的情緒與行為的感染下爆發出瘋狂的破壞行為,如球迷鬧事事件就是集群行為。

在集群行為中,可以明顯看出群體壓力下的獨特心態與典型的行為模式。

犯罪實驗:權力、服從與集體瘋狂

1. 群體意志

個體獨處時往往有自己的個性,而在激動的群體中,個性常常被淹沒,其行為更多地展現出群體的意志。也就是說,這好像是大家的想法與行為,不是我個人的想法與行為。這就是社會心理學中所說的「去個性化」。就像是一個人跳入驚濤駭浪的洪水之中,不能控制自我一樣。

2. 瘋狂舉動

身處其中的個體會做出比平時更為瘋狂的破壞行為;行為人在平常生活中被壓抑得越久,被壓抑得越深,他的行為就越瘋狂!

而且,這時的瘋狂行為大多是非理性的。例如,在足球比賽中,不承認敗北一方的球迷,其中一人怒罵裁判或者扔瓶子,其他球迷就會自動地仿效,彷彿這就是在強大壓力下的統一行為規則。社會心理學將這種現象稱為「緊急規範驅動」。

透過電擊實驗、模擬監獄實驗,也讓我們真實地看到了人性的弱點。

我們的內心之中會發生天使與魔鬼的對抗,這種對抗在服從壓力與特定的情境中真實地展現出來。這種路西法效應真切地展現在幫派犯罪、組織犯罪和集群行為中。

這再次驗證了個體存在著對權威無條件服從的心理；特定的情境對行為具有強大的影響力。

從中，也警示著現代社會中的每一個人，在社會文明發展中，在個體行為的塑造中，有兩樣東西是極為重要的。

外在的是，要有善良的制度規範；我們不要惡法，我們需要善法！

內在的是，要時刻保持理性，尤其是在出現重大情緒性事件的時候，更要有理性的警覺。

這樣，我們才不會走向集體的瘋狂！

犯罪實驗：權力、服從與集體瘋狂

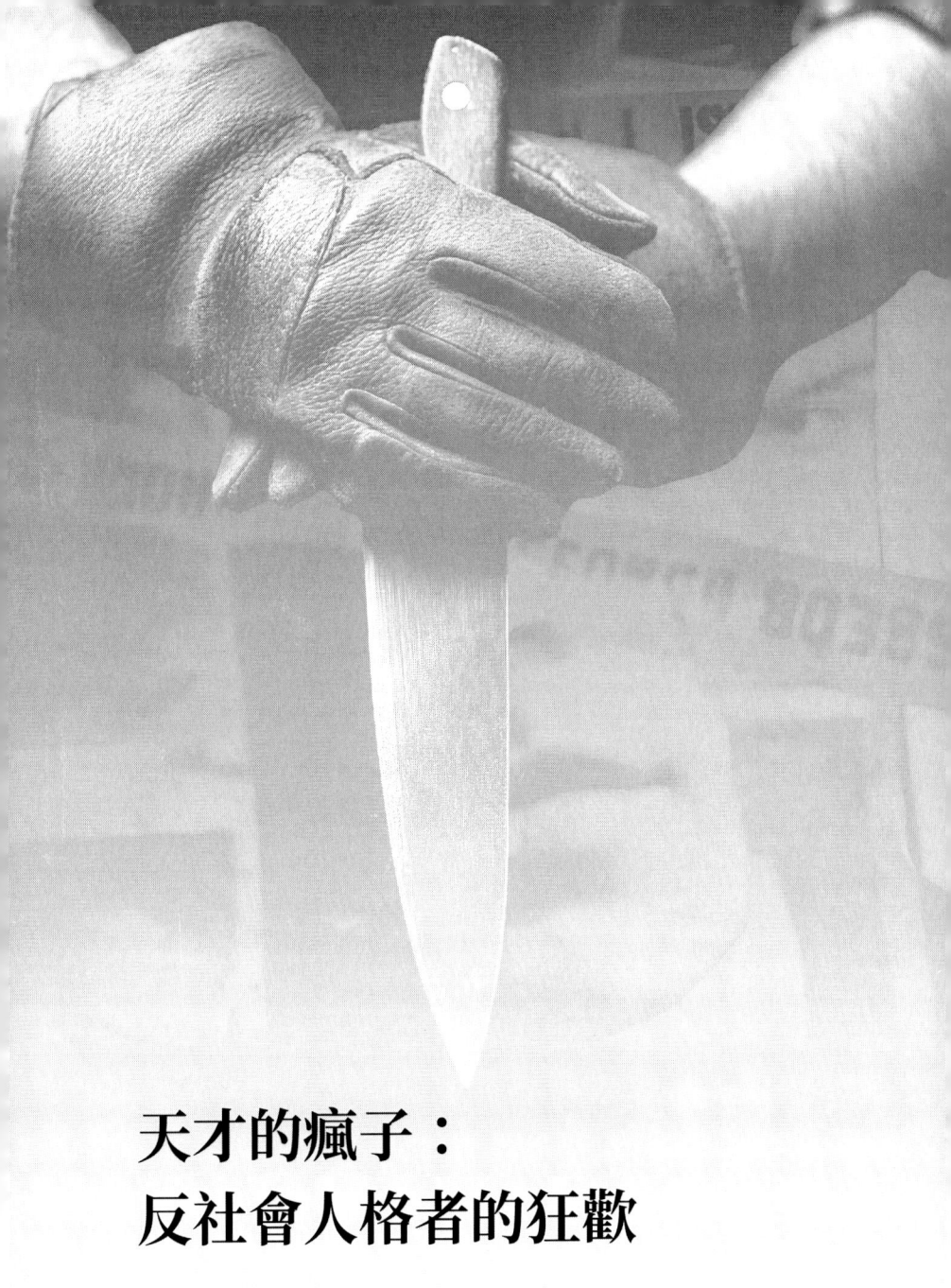

天才的瘋子：
反社會人格者的狂歡

天才的瘋子：反社會人格者的狂歡

有一句很流行的話是這麼說的，「天才在左，瘋子在右」。似乎簡單地用左右方向就可以把天才和瘋子既區別又連繫起來，彷彿天才與瘋子的唯一區別就是思考方向的差異。

難道天才和瘋子之間只是一念之差？

先來看一個案例。

案例中的主角既是一個天才，也像一個瘋子！

先看這個天才的表現。

他在 12 歲時測得智商為 167 分，絕對屬於千分之一的極少數人。

他 16 歲時被哈佛大學數學系錄取。

他僅僅用兩個多月的時間就解開了困惑大學教授十幾年的數學難題，他寫的畢業論文在全美國也只有十位左右的數學專家能看懂。可見，他確實是一個難得的數學天才。

他 25 歲博士畢業時，就被美國加州大學柏克萊分校、西北大學等幾所名校爭相聘為教授。

就是這樣一個天才，前途一片美好。幾年之後，他卻突然從人們的視線消失。他在蒙大拿州的偏僻郊區買了一塊小林地，自己動手蓋了一間小木屋，一個人在那裡自由自在地過著原始人般的生活，基本不用現代社會的設備。

七年之後，當他重新出現在大眾視野時，卻是郵件炸彈客的神祕身分：他直接威脅美國政府與學術菁英。那麼，他

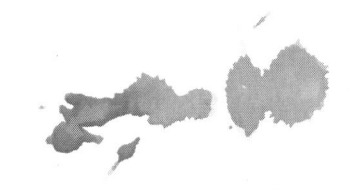

是如何威脅的？

在1978年至1996年的18年間,他以郵件炸彈的方式威脅、恐嚇大學研究機構的菁英們,讓他們放棄遺傳生物技術的研究。這些爆炸造成3人死亡、幾十人受傷,以及持續18年之久的恐怖氣氛。

一個數學天才變成了炸彈瘋子,這是為什麼？

從表象上看,他自小聰穎過人,課程學習對他來說根本不是問題,而因為跳級,他周邊的同學都是比他年齡大的孩子,這阻礙了他的正常社會化,沒能發展起正常的人際互動能力,也沒能建立起正常的情感。雖然學業成績優異,實際上,他卻是在孤獨氛圍中長大的,所以他也只能把所有精力投入到學習中去。

在哈佛大學上學時,一項關於意識對行為控制的心理學實驗,讓他感到很恐懼,他認為人類終將成為某些權威或者菁英的寵物。這時他就開始有了對抗社會、對抗權威的偏執認知,反社會的人格就此開始形成。

在他自己的那間小木屋裡,七年田園般的生活過得自由自在,然而遊客的不斷打擾與日益逼近的經濟開發活動讓他感到痛苦難當,難以忍受。他開始偏執地認為人類的工業文明必將導致人類的悲慘命運。因此,他決定憑藉自己的力量來挽救人類的命運,拯救普通民眾於水火。於是,他開始自

製炸彈，以郵件炸彈的方式警告兩位獲得諾貝爾獎的遺傳生物學家停止基因研究。後來，他又不斷地在越來越多的公共場合安放炸彈，並取名為「炸彈運動」。他認為「炸彈運動」中對一些人的傷害是警醒人們的必要措施，這只是附帶的傷害，是值得的。

十多年來，筋疲力盡的警察一直在努力偵辦案件，可是他們無論如何也找不到放炸彈的人的影子！

辦案警察無奈地思索：「他到底要做什麼？有什麼具體的要求？」後來，這位炸彈客脅迫警方發表他手寫的3.5萬字宣言：〈工業社會及其未來〉，否則，就要炸掉一架飛機。美國警察將計就計在《紐約時報》、《華盛頓郵報》上部分刊發他的「宣言」，並以此為誘餌徵集線索。這位炸彈客的哥哥看到此份宣言時，向警方提供了線索（實際上是他哥哥的妻子以女人的直覺判斷這份宣言內容很符合丈夫的親弟弟的風格）。警方得到這條線索後，很快鎖定地點，在那個小木屋裡把這名炸彈客逮捕。

此時，這名炸彈客在內心感嘆：「我所仰慕的人，我所愛慕的人，我所信賴的人，都徹底地拋棄了我！」這其實是指他曾經信仰、依賴的國家權力機構、學術菁英和親人，都拋棄了他！

最後，在1998年，他為了延續其偏執的理念，以承認有罪、不得上訴為條件，換得了終身監禁的處罰。

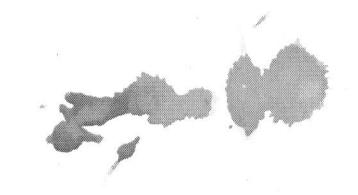

他就是震驚西方世界的美國天才人物「郵件炸彈客」——卡辛斯基。當年他還成為美國《時代週刊》的封面人物。直到2023年，他以81歲高齡仍在高警備監獄服刑，並於同年6月去世。

他就是典型的反社會人格、偏執性人格的犯罪者。

這類人的內心世界是怎樣的？

其實，反社會人格（ASPD）是學術界最早研究的人格障礙類型，也是犯罪心理學從精神病態角度研究特殊犯罪人的開端。

關於反社會人格，當代具有代表性的研究成果是美國犯罪學家、精神病專家克萊克利（Hervey M. Cleckley）1976年的著作《精神健全的面具》（*The Mask of Sanity*）。在這本書中，他列舉了反社會人格者的16個特徵，其中核心的特徵是反社會性、無道德感以及極端的自以為是。這類人一般來說還相當聰明，比如卡辛斯基以故意寫錯收件人地址的方式來郵寄炸彈，當郵件被自動退回到寄件人時，那所謂的寄件人才是他真正要襲擊的目標。這很有計謀性，又能很好地隱蔽、偽裝和脫逃。

這類反社會人格障礙的升級版本就是精神病態（psychopathy）。特別需要注意的是，精神病態並不是精神病，它可以被看作反社會人格障礙的特殊類型。

天才的瘋子：反社會人格者的狂歡

加拿大精神病專家哈爾（Robert Hare），在 1995 年編制了「精神病態症狀清單」（PCL-R）這樣一個專家評估工具，用來診斷、發現這類危險的人，這項評估被業內認為是檢測精神病態人格特質的「黃金標準」。這項評估的內容呈現了精神病態人格的兩大核心特徵。

1. 人格特徵

他們具有冷酷無情的人格特徵，不僅沒有基本的道德感，而且會主動尋求刺激。

這種人的內心是很狂躁的，「樹欲靜而風不止」，何況他們本身就不想靜下來！

2. 人際特徵

他們表面上很有魅力，內心卻是極端的以自我為中心。他們認為自己是獨一無二的，有著強烈的存在感和控制欲望。但是，在一般的人際互動中，別人難以發覺。實際上，他們只對極少數的人有建立情感的需求，這就導致這樣的人更加危險。因為他們偽裝得很好，更具有欺騙性。例如，美國電影《沉默的羔羊》（The Silence of the Lambs）中的心理醫生漢尼拔（Hannibal）就是一個很典型的精神病態者。其實，這部電影正是改編自美國 FBI 破獲的精神病態者的真實案件。漢尼拔的原型是泰德·邦迪（Ted Bundy）。

現在，我們再來看看 2016 年警方偵破的一起重大案件，這個案件中的犯罪人是什麼樣的呢？

1988 年至 2002 年的 14 年間，在某市發生了一系列專門殘害女性的案件。先是市區發生了九起，後來另一個城市也發生了兩起相似的案件，這些案件中共有 11 名女性慘遭殺害，其中絕大多數是二十多歲的女性。歹徒手段非常殘忍、令人髮指，被害人均遭到強暴、殺害，她們身上有多處刀傷，有的刀傷多達幾十處。甚至，有的被害人的部分身體組織，如雙手、皮膚等，竟然被犯罪人切割取走。

第一起案件發生在 1988 年。1988 年 5 月 26 日，某公司 23 歲的女職員白某於家中遇害，被害人上衣被推至雙乳之上，下身赤裸，全身共有 26 處刀傷。

6 年之後，類似的案件再次發生。

在 1994 年 7 月 27 日的案件中，被害人年僅 19 歲，身上共有 36 處刀傷。

10 年之後的 1998 年，這一年之內，發生了四起類似的案件，最小被害人只有 8 歲。其中一位被害人背部的一塊皮膚被精心地切割下來取走！

犯罪行為並沒有就此停止，隨後的案件發生在 2002 年，受害人是一位 25 歲的女性。雖然距離最初案發的時間有 14 年之久，但是罪犯的作案方式卻是完全相同的。

從這些血腥的案件中，彷彿能夠看到犯罪分子猙獰的面目。他精心選擇了年輕的女性，伺機作案；他直接進入被害人的住處，進行強暴、虐待與殺害……

在這些案件中，被害者身上只有一、兩處致命傷，可是全身卻有幾十處刀傷！這實際上表達了犯罪人對女性的仇恨，這是一種宣洩！

上述系列案件的犯罪人高某勇於 2016 年 8 月 26 日被警方逮捕。此時，距離他第一次作案已經過去了 28 年。

高某勇已經於 2019 年被處決。但周圍認識他的人都不相信他就是那個血腥的犯罪人！因為他平常是很內向、沉默寡言的。

被逮捕後，有記者問他：「二十多年來，你對自己的行為給被害人及家屬造成的傷害與痛苦，有什麼可說的？」

他表情漠然，沒有說一句悔恨或道歉的話。他是假裝的嗎？不是，因為他有冷酷無情的人格特質，這正是他內心的真實寫照。

偵訊人員問他：「你為什麼強姦殺人？」

他回答說：「過一段時間，不強姦殺個人心裡就很不舒服！」

可見，冷酷無情正是精神病態的本質特徵：在冷酷無情的性侵害中，除了性慾滿足之外，還有重要的虐待動機，這

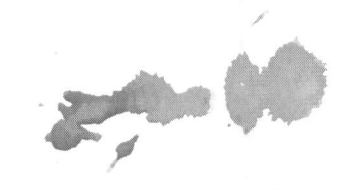

從被害人身上的多處刀傷就可以看出來。

高某勇的行為涉及兩種變態心理：人格障礙與性變態，它們是人格障礙中特殊類別的精神病態。同時，高某勇本人也是色情狂——性變態中的虐待狂。他的心理是兩種典型變態心理的結合，他就是我們平常所說的色情殺人狂。

我們再來看一下 2020 年 7 月 5 日發生的殺妻碎屍案，犯罪人許某利是不是具有這種冷酷無情的特徵？他預謀殺害了同眠共枕的妻子，並花上幾個小時的時間分屍。同樣，認識他的人都不相信他是這樣冷酷殘忍的人！

發生在美國的臭名昭彰的邦迪姦殺案，與上面的兩起案件也高度相似。

犯罪人邦迪外表英俊、談吐不凡；他有幽默感、擁有心理學與法學兩個學位。1974 年至 1989 年間，他姦殺了 36 位白人女性。對邦迪而言，他的高智商、瀟灑的外表只是作惡的助力（邦迪是美國電影《沉默的羔羊》中主角的原型，他還參與了美國臭名昭彰的「綠河殺手」的心理分析）。卡辛斯基、高某勇、許某利、邦迪相似的心理與行為特徵，是精神病態者內在的、固有的心理特質。

可見，反社會人格者是人類社會典型的破壞分子，是犯罪群體中典型的代表：他們有反社會認知、反社會情感、反社會的人際關係和反社會行為，與社會的基本規則格格不

入，並我行我素；他們多數以犯罪方式謀求生存（表現為典型的犯罪人格）。而反社會人格的升級版本就是精神病態，以病態自戀、不擇手段、冷酷無情（甚至施虐性）為基本特徵。反社會人格者及精神病態者的犯罪行為可以看作是其負面心理能量的自然表達，是其內心負面能量宣洩而來的狂歡行為。而且，加之行為的偽裝性與智慧性，他們的犯罪行為多數得以較為成功地實施，危險性較高。他們才是少數的人做了多數的壞事！

# 強姦：
性慾背後的暴力宣洩

強姦：性慾背後的暴力宣洩

2013年5月8日晚上，某小學六年級的六名女生都沒有回家，好像集體失蹤了。這引起了家長與老師的極度恐慌，他們趕緊組織人員四處尋找。

一天時間過去了，尋找孩子的事還是沒有任何進展。直到第二天晚上11點鐘，其中的一名女生向家裡打電話，說她在親戚家。家長們火速趕到，根據這個女生提供的資訊，又在一間出租房間裡找到了同去的另外三名女生。

這些女生說，其餘的兩名女生還留在當地。家長們又匆匆地趕回去，最後在一個度假山莊裡找到了這兩名女生。

這六名女生都找到了，但是，她們看上去迷迷糊糊的，都有些神情恍惚。而且，有的女孩的手、脖子這些部位還有明顯的扭傷。經過醫生的檢查，發現六名女生下體都受到了不同程度的傷害。

情況嚴重，家長們立即報案。經查明，這六名女生是被另一所小學的校長陳某某和一個叫馮某某的人帶去旅館開房了。

為什麼一個小學校長會帶著另一所小學的六名女生去酒店呢？

原來，這六名女生在同一所小學上學，其中的一人在2013年新學期轉學到了陳某某所在的小學。因為她的一次逃學問題，在接受處罰時認識了學校的陳某某校長。後來陳某

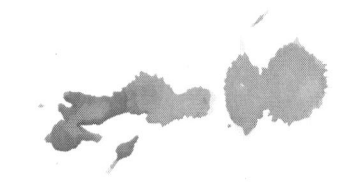

某就經常主動聯絡她,要她介紹女朋友!

讓一個十二、三歲的女學生替一個小學的校長介紹女朋友?是的,光是聽起來就讓人驚訝不已!事實上,另外的五個女生也是透過那名女同學與陳校長聯絡上的。

出事的那天,陳校長約好晚上帶這些女生到外面去玩,這六個女生瞞著家長爽快地赴約。她們一起到了KTV唱歌,晚上9點多,其中的兩名女生就被在當地工作的馮某某帶到度假山莊過夜了,另外的四名女生也被陳校長要求到旅館一起住。陳某某在旅館裡開了兩間房,他和其中的兩名女生共處一室。期間,陳某某對女生有性行為的誘惑舉動和威脅行為。

案件偵查終結後,兩犯罪嫌疑人被提起公訴,經過法庭審理,陳某某被判處13年6個月有期徒刑,馮某某被判處11年6個月有期徒刑。

從犯罪現象來看,這是對14歲以下幼女的強姦犯罪,是加重情節的強姦犯罪行為。

除了外部犯罪行為,在犯罪心理上,這兩個犯罪人還可能具有戀童癖、戀青少年癖的性變態傾向。

在人類的歷史中,強姦是一直存在的罪惡現象。那麼,為什麼會存在強姦行為?

從人類進化的角度而言,比較有代表性的觀點是達爾文

強姦：性慾背後的暴力宣洩

(Darwin)提出的性選擇假說：那些不能成功吸引性伴侶的男性傾向於實施強姦行為，以傳遞自己的DNA，獲得更多的後代。

從個體層面而言，對強姦犯罪心理的形成因素中研究最多的是生物因素，主要表現在三個突出的方面。

1. 性激素異常

睪固酮是雄性激素代表，睪固酮與性攻擊之間存在的相關性表現為兩種極端的情形：一種情形是，睪固酮分泌旺盛，性衝動很強，就有了強烈的強姦驅動力；另一種情形是，睪固酮分泌低少，這容易導致強烈的自卑感，從而容易引發病態的性侵害。

2. 腦神經活動異常

強姦行為和大腦發育異常有關，尤其是與特定的神經遞質異常有關。例如血清素、正腎上腺素和多巴胺的過多或過少，都會直接導致神經興奮的異常，這樣可能導致衝動的性攻擊行為。

3. 生物、化學物質的影響

酒精、精神藥物等特定的生化物質也會造成興奮和抑制過程的混亂，大大降低自我的控制力，而導致純粹的本能行為。這也是常見的強姦誘發因素。

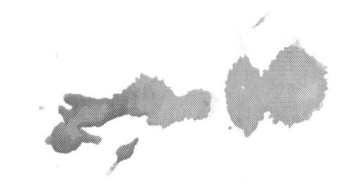

從心理層面而言，強姦犯罪人最為典型的特點，是認知方面的犯罪合理化。也就是他們認為強姦得到的好處比壞處更多。

很多強姦犯罪人認為，強姦受到懲罰的風險要小於強姦帶來的好處，這其中有很大的僥倖心理成分。

他們有一種自以為是的聰明，或者模仿犯罪，或者針對年幼女性下手（稱為兒童強姦犯）。而實際上，大多數強姦犯罪人不是特別聰明。他們只是有自以為是的小聰明，所以，即使在罪犯群體中，強姦犯的「地位」也是最低的。

相應地，他們傾向於道德推脫，他們甚至會認為強姦行為是被引誘的，是女人行為的不檢點導致的。實際上，這是強姦犯為自己開脫罪責！

在環境因素中，傳統文化中的大男子主義、男權主義也會導致男性對女性潛在控制欲望的高漲。

現實中，強姦並不總是發生在陌生人之間，除此之外，還存在熟人強姦、婚內強姦等現象。其中，熟人之間實施強姦的，較有可能是犯罪人為了獲得一種控制感、征服感；也有為了贏得自尊，或者展現男子氣概而實施強姦的。

那麼，到底是什麼動機直接導致了強姦行為的發生呢？

毫無疑問，首先肯定是性慾動機！同時，也有以性慾為基礎轉換而來的其他動機。

強姦：性慾背後的暴力宣洩

1. 性慾動機

犯罪人透過強迫、威脅或引誘的方式滿足其性慾，性慾滿足是犯罪行為的核心目標。這是性犯罪的主要動機，也是基本的強姦動機。其他犯罪動機或者是與性慾動機緊密結合，或是由性慾動機衍生、轉換而來。

2. 在非性慾的強姦動機中，攻擊動機較為明顯

這些強姦犯被稱為憤怒型強姦犯。這種強姦主要是為了表達憤怒和復仇，有對女性本人的憤怒，也有對女性相關人的憤怒。此時，性慾的滿足處於次要地位。

例如，某人的女朋友被一位熟人強姦了，怒火中燒的男朋友並沒有報案，而是找機會對熟人強姦犯的女朋友實施了強姦，這就是典型的「以血還血，以牙還牙」，屬於原始形式的同態報復行徑！

與我們多數人原有的印象可能不一樣，非性慾動機的強姦犯罪在現實中並不少見。

3. 更恐怖的、變態的性侵害動機

先看一個 40 多年前發生在美國的案件。

1974 年 1 月 15 日，美國堪薩斯州的一小鎮上，警方接到了一個 15 歲男孩查理的報警電話。趕到現場時，見過許多慘案的警察們都忍不住倒吸一口涼氣，因為犯罪現場非常慘

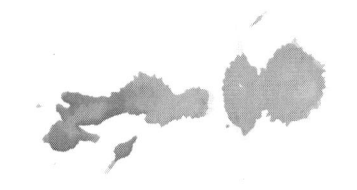

烈：查理的父母及兩個年幼的妹妹都被捆綁起來，早已氣絕身亡。四名受害者生前均遭受到了不同程度的虐待，死因皆是窒息，凶器就是家裡百葉窗的拉繩。

查理最小的妹妹的死狀最為恐怖，犯罪人將她單獨帶到地下室，把她半裸體地捆綁在水管上，接著用拉繩將她勒死。最後，犯罪人還對著受害者屍體進行了長時間的猥褻行為。

由於犯罪人在現場沒有留下有價值的線索，甚至還偽裝了現場，導致警方無法鎖定嫌疑人。有人會說，不是有犯罪人留下的精斑嗎？是的，但是當時並沒有DNA技術，現場採集保存的精斑直到2005年採用DNA技術時才派上用場。

此後，類似的命案不斷發生，作案過程如出一轍：凶手先是闖進被害者家裡，切斷電話線，等被害者回家時突然襲擊對方，再用電話線將其手腳捆住（Bind），然後虐待（Torture），最終殺害（Kill）。這位不知名的連環殺手，被新聞媒體稱為BTK殺人狂。犯罪人不斷與警察周旋，每次犯案後都會故意留下一點點線索，彷彿在與警察玩貓捉老鼠的遊戲。儘管如此，警察也一直沒找到凶手。

直到30年後，2004年3月，犯罪人主動寄信到一家地方電視臺陳述案件細節，裡面還有被害人的照片。這舉動再一次刺激了警方的神經，警方再次抓緊調查。後來，警方在

強姦：性慾背後的暴力宣洩

犯罪人陸陸續續寄出的一些物品中找到了更多線索。警方從一張光碟中追蹤到此人工作的場所 —— 一個教會，這才讓BTK殺人狂最終現形。2005年2月25日，近60歲的犯罪人終於被捕，至此長達31年的追捕行動畫上句號。

這個殺人狂名叫丹尼斯‧雷德（Dennis Rader），是一名普通的牧師。透過DNA技術也確認了他就是犯罪人。在法庭上，雷德平靜地承認了自己BTK連環殺手的身分：他在1974年至1991年的17年間，用同一手段殺害了10人。最終，他被判處10種有期徒刑，合計175年有期徒刑。

這個殺手在牧師的外表下隱藏著邪惡的靈魂。那麼，這個邪惡的虐待殺人狂是如何「造就」的呢？

雷德是家中最小的兒子，但他並沒有獲得父母太多的關愛。

父親迫於家庭壓力每天忙於工作，母親似乎早已厭倦了家庭主婦這一角色，除了看電視就是沉迷於各種八卦雜誌。在雷德看來，只有他犯錯時才能感受到父母的關注 —— 責罵。然而父母並不知道，雷德幼小的心理已經開始出現大的問題。

具體是什麼樣的問題呢？

雷德從小就喜歡閱讀偵探小說，但他崇拜的並不是正義、睿智的偵探，而是各種邪惡、殘忍的罪犯，他整天幻想

著自己成為凶手的樣子。這種以「犯罪者自居」的表現，就是第一個危險訊號。

他對捆綁行為也有異常的迷戀，他會在自家農場偷偷將自己捆起來，自我欣賞，甚至把小動物捆綁起來，最後再把動物殺死。這是第二個危險訊號——「虐待動物」。當被母親發現時，他並沒有感到恐懼或是內疚，反而在母親責罵他時充滿了興奮和愉悅。

其間，還有一個詭異的細節。一天，他母親的手卡在了沙發裡，叫小雷德趕緊來幫忙，看到驚慌失措的母親，雷德居然興奮極了，他感受到了一種前所未有的性快感。母親當時驚恐的表情深深地烙在了他的記憶裡。這是第三個危險訊號——「恐懼與性快感之間形成了條件反射」。直到成年後，雷德也還會在家中偷偷模仿母親受到驚嚇的樣子。這種不停的模仿又大大地強化了他的性快感體驗。也就是說，每當遇到恐懼，或者追求恐懼時，他就會產生強烈的、變態的性快感。

自從這次怪異的經歷之後，雷德就經常跑去偷窺鄰居家的女性，甚至潛入她們家中偷走內衣，私下裡他會穿上這些偷來的內衣，同時幻想這些女性被捆綁著、呼喊的樣子。就好像是有一個「未知的惡魔」在召喚著他！這是第四個危險訊號——「嚴重的品行障礙出現」。他知道這個「惡魔」遲早會

強姦：性慾背後的暴力宣洩

領著自己走上犯罪道路，他的內心彷彿也期盼著這個黑暗時刻的到來。

然而，家裡人並沒有太多關注這個孩子扭曲的內心世界。在外人看來，雷德就是一個乖巧的孩子：高中畢業後他在空軍基地服役，退伍歸來在一家超市工作，後來還在當地謀得了一個牧師的職位。他結婚後還有了兩個可愛的女兒。對於工作他細心負責，對於家庭他盡心盡力，這樣的生活看似平靜了許多。然而，這樣平靜的生活並沒有壓制住他內心黑暗的衝動，他反而更加渴望那種內心的刺激。終於，1974年1月15日，28歲的他如願以償地將靈魂出賣給了一個「未知的惡魔」。

在這一過程中，危險的訊號有哪些？以犯罪者自居、虐待動物、恐懼和性快感之間的條件反射，以及越來越嚴重的品行障礙。它們一步一步升級，最後從內心的邪惡衝動，到現實的惡魔出現。

在這個案件中，捆綁、虐待、殺死（Bind-Torture-Kill）是固定的犯罪模式。其中，虐待能夠帶來強烈的性興奮與心理滿足感；虐待心理是犯罪行為中最為關鍵的心理欲望，顯示這個犯罪人是施虐狂方面的性變態者，是性表達、性滿足方面的變態者。

這就是基於虐待動機的性侵害，是一種病理性動機導致

的侵害行為。

這是性本能與攻擊本能的結合與融合:在性行為中伴隨攻擊的興奮感,在攻擊行為中體會到性本能的快感。

這種現象就好像本來兩條平行的電路線,突然間並聯在一起了,一條通電,另一條也有電了:攻擊本能也就啟動了性本能,反過來也一樣,兩種本能相互聯通,相互強化。

我們對強姦犯罪人都很憤恨,那麼,針對強姦犯罪,要怎樣打擊、矯治和預防呢?

首先是懲罰措施,以嚴刑峻法,破奸軌之膽!

在嚴厲的監禁刑懲罰之外,還可以以特定標示,警示這些人的危險性,如對性犯罪累犯實施電子監控追蹤措施。

其次是在矯治方面,對他們進行認知行為訓練:錯誤觀念改變與行為訓練同步進行。

矯治的核心是社交技能訓練,也就是讓他們掌握獲得正常親密關係的技能,而不是強迫性地滿足自己原始本能的性需求。

此外,還有爭議性很大的化學閹割,即對性累犯,尤其是對性侵害幼女的罪犯,用雌性激素(黃體酮 LH)／抗雄性激素療法(醋酸甲羥孕酮 CPA),來降低其性衝動的生物能量。例如,美國約翰霍普金斯大學 2018 年的一項追蹤研究顯示:以化學閹割的 629 例性罪犯為樣本,發現其再犯率下降

至 8% 左右，好像還是很有效的。但這種方法目前還存在一些法律和倫理上的爭議。

在強姦犯罪的預防方面，可以考慮建立性侵害犯罪高風險對象的資料庫，以此來加強監管與預警，提升緊急處置的有效性。

另外，社會大眾更要加強自我保護意識，有必要的話，也可採取一些具體的防範措施。比如，父母從小就要幫助孩子建立起防範意識：兒童不能與陌生人單獨在一起；不能讓他人隨意接觸自己的身體，即使是熟悉的人也不行，無論是異性或同性的他人；切忌到陌生的地點見陌生人；有同伴在場的地方更為安全；在特定場所衣著言行得體很重要；遇到危險及時脫離，並立即求救等等。

孩子進入青春期後，父母要有意識地引導孩子學習正確的性知識，培養孩子樹立正確的性意識、性觀念及交友方式。發現孩子的性觀念、性意識有悖於道德、倫理規範時，父母與孩子都要勇敢地面對，這才是解決性心理困惑、性意識障礙的正確開端：既不成為性施害者，也不成為性受害者。

戀童癖犯罪者：
性慾倒錯的惡魔

戀童癖犯罪者：性慾倒錯的惡魔

每當我們聽到性侵兒童案件時，都會無比地憤恨。

實質上，性侵兒童就是戀童癖的犯罪。

那麼，什麼是戀童癖呢？

戀童癖也稱「戀童色情狂」，是一種以兒童為性滿足對象的性變態。

具體來說，戀童癖是行為人對兒童產生持續性的、強烈的性幻想、性衝動、性行為。臨床心理學認為，這是一種終身性的精神障礙。美國學者稱之為性慾倒錯障礙（DSM-5）。戀童癖大致可以區分為異性戀童癖和同性戀童癖，此外還有亂倫戀童癖。例如，2008年媒體披露的發生在奧地利的令人髮指的案件：一個禽獸不如的父親，將自己的親生女兒作為性奴，囚禁於地下室裡長達24年之久，期間還生下7個孩子。在實際案件中，受害兒童與性侵害者之間多數是熟人或者親屬關係。

廣義上的戀童癖還包括戀青少年癖（ephebephilia），也就是對12～18歲青少年的性偏好行為。根據聯合國「兒童權利公約」的規定，兒童泛指18歲以下的個體，因而，戀青少年癖也可以看作是戀童癖的同質延伸。

先來看看下面這個案例。

2020年5月的某一天，12名男性青少年在網路上公開檢舉了他們曾經的高中班導梁某，檢舉稱這個梁某多年來對他

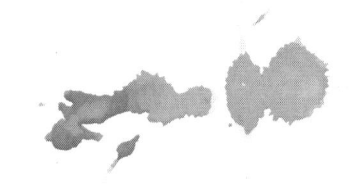

們有性侵行為。梁某隨後被警方逮捕，經查明，梁某利用教師身分，在十多年的教學工作中對十多名男學生實施猥褻。

梁某是某明星高中的化學教師，曾經多次獲得全國性的榮譽稱號，還經常被邀請到各地演講，在許多高中生眼中他具有較高的影響力。同時他還是這個學校心理輔導中心的負責人，負責全校學生的心理輔導工作。

就是這麼一個心理輔導員，以心理輔導為由，在心理輔導室對男學生採取撫摸身體等方式實施猥褻，甚至還強制和男學生發生性行為。除此之外，他還利用到外地演講的機會，以敘舊為由，邀請在當地上大學的、曾經的男學生吃宵夜敘舊，之後以學生半夜回校不便為由，繼續讓學生到他的旅館房間過夜。梁某在男學生入睡之後對男學生實施猥褻。

顯然，梁某的這種行為是犯罪行為，也是一種變態心理引導下的變態行為。

事實上，梁某已經結婚多年，並生有一個孩子。但是，他的犯罪對象全部是男學生。可見，他實質上是一個頑固的、同性戀青少年癖患者。他的性變態偏好對象是男性青少年，男學生是他主要的性滿足對象，他的婚姻更像是掩人耳目的一種手段。

在這類案件中，幾乎所有受害者在遭到猥褻之後都選擇了沉默，正如這起案件中眾多被害的男學生一樣，他們直至

戀童癖犯罪者:性慾倒錯的惡魔

很多年之後才鼓起勇氣,聯合實名檢舉他。這些被害人較可能出現慢性的壓力創傷反應,進而影響到身心健康,甚至會對親密情感關係產生恐懼,進而長久地影響到他們的生活境遇。

臨床實踐發現,大部分戀童癖患者都是男性,也有小部分的女性患者。

在人格特徵方面,這些戀童癖犯罪人常常具有以下特徵:

- ◆ 強迫性人格,內向、自卑,多是孱弱幼稚個體。
- ◆ 缺乏自信,和成人互動有困難。
- ◆ 平常多有憂鬱和焦慮情緒。
- ◆ 伴隨有反社會型人格障礙與物質濫用,這也被稱為共病傾向。

為什麼會產生戀童癖這種特殊的心理呢?

實際上,戀童癖是生理、心理、社會因素共同造成的。

第一,生物因素。有一項關於雙生子的研究顯示,同卵雙生子之間有52%的共病傾向,而異卵雙生子只有22%的共病傾向。因為同卵雙生子遺傳基因(理論上)100%相同,異卵雙生子有類似於兄弟姐妹之間的基因相似度,因此,遺傳及神經系統對戀童癖的發生具有強大的制約作用。

研究還發現,胎兒神經系統發育紊亂與戀童癖的發生有

關,其中一個重要指標是調節人的興奮性程度的神經介質血清素明顯減少,它會導致身體興奮性的異常。

第二,早期心理創傷的影響。例如,他們兒童時期或者青春期遭受了性虐待、雙親的忽視,或者經歷了嚴重的性創傷事件,留下了與性相關的心理創傷。

第三,現實的情感創傷。例如親密關係的喪失,導致行為人內心的自卑和孤僻的性格。研究發現,戀童癖者由於各種原因難於和成年女性發生正常的性關係,患者生理上較有可能伴隨陽痿、性功能障礙。許多戀童癖者是已經結婚的男性,儘管他們通常不認為自己是同性戀,但是他們侵害的對象通常都是男孩。

戀童癖犯罪是兒童性侵害的典型代表,戀童癖行為本身就是犯罪行為。

戀童癖實施侵害的主要形式是猥褻和強姦。而且,因為存在著生物驅力,導致其再犯率很高。

兒童性侵害犯罪人可分布在所有的社會階層、成年之後的各年齡階段和各種職業中。在西方國家的戀童癖患者中,很多人從事教師、牧師、教練、緩刑監督官等能接近孩子的職業;絕大多數受害者與性侵害者之間是熟人甚至家人關係。

在臨床上,戀童癖可以簡單地分為情境誘發型和個體偏好型。情境誘發型戀童癖者有正常的性經歷與性取向,主要

戀童癖犯罪者：性慾倒錯的惡魔

興趣在成人，但是在性壓力與性情境的誘發下，也會衝動地對兒童或早期青少年作出性侵害行為，他們通常在事後感到懊悔。如果及時進行懲罰與矯正，其預後較好。個體偏好型戀童癖者對兒童（通常是男孩）有明顯的性偏好，戀童行為能為其帶來極大的性快感。如果他們有婚姻或女性伴侶，更可能是為了掩人耳目。

在學理上，戀童癖可以區分為四種典型的類型，其動力與行為方式各不相同。

幼稚型戀童癖：患者本身沒有發展起正常的成人性心理；兒童是其性及社交方面的伴侶，對兒童有長期而唯一的偏好；被害者多為男童。

退化型戀童癖：患者曾有正常的青春期與同伴關係，並且有異性戀經歷，在遭受情感打擊後，男性氣概不足，有嚴重的自我懷疑心態；在實施犯罪行為後可能產生懊悔之心；被害者多為陌生女童。

剝削型戀童癖：犯罪人出於安全便利考慮實施性侵害。比如前面提及的某小學校長帶六名小學女學生開房間事件，兩名犯罪人就屬於此類型；侵害兒童的主要動機是性慾滿足；更多指向（陌生的或熟悉的）女童；他們可能是持續的兒童強姦犯；較可能使用詭計，有明顯的身體暴力與威脅行為。這類戀童癖被稱為「兒童強姦犯」，他們與普通的強姦犯很類

似，只是侵害對象特殊，而且侵害手段更為隱蔽、惡劣。

虐待型戀童癖：此為性本能與攻擊本能相結合的產物；患者的戀童傾向偏好於同性兒童或異性兒童；犯罪手段較殘忍，有虐待性；常用的方式是誘拐與謀殺。

2013 年，韓國電影《希望：為愛重生》引起了極大的轟動。這部電影是根據一個真實的案件改編，講述了一名女童的悲慘命運。

這個案件發生在 2008 年，50 多歲的犯罪人趙某某綁架並殘暴地強姦了一名 8 歲的女童，導致這名女童留下了嚴重的身體殘疾和心靈創傷。在當年的審判中，法官以犯罪人「年齡大而且是酒後精神不穩定」為由，僅僅判處趙某某 12 年有期徒刑。這個犯罪人已經於 2020 年 12 月 13 日刑滿釋放。

這是一起典型的性侵害兒童的案件。這種殘忍的犯罪行為引起當地民眾對這個犯罪人極大的憤慨和恐懼。那麼，民眾的擔心是不是過度反應呢？到底又是什麼邪惡的力量導致了犯罪人的殘暴行為？

實際上，民眾的擔心並不是多餘的，因為這類犯罪人的再犯率確實較高，是屬於高風險的犯罪人。正如這個犯罪人趙某某在監獄中所說的：「你以為我能在這待多久？總有一天我會出去的。」這是什麼意思？挑釁的意味非常明確，他再次犯罪的風險非常高！更有專業人士認為，其再犯的風險指

數可達 80%以上。

戀童癖是一種心理疾病，也是性變態的表達，迫切需要及時實施針對性的生物或者心理治療。

雖然目前對戀童癖行為的介入效果不太理想，但是，有介入總比沒有介入要好一些。例如，一些國家在司法實踐中對戀童癖患者實施的網路打擊計畫、強制性的「物理去勢」（核心是化學閹割）、認知 —— 行為矯正計畫、電擊療法、精神藥物及精神外科等措施都具有一定的矯正、預防效果，但目前都是探索性的做法。

怪癖的犯罪人：
從隱僻到致命偏執

俗話說,「林子大了,什麼鳥都有」。在人類的世界裡,也同樣是光怪陸離,存在著各式各樣的怪人!

所謂怪人,不僅是外部行為怪誕,他們的內心世界也是千奇百怪的。學理上將其稱為人格障礙者。

通俗地說,人格障礙就是指心理嚴重偏離正常的狀態。

一般而言,人格障礙可以細分為三大類型。

第一類,不穩定型人格障礙。包括反社會型、偏執型、邊緣型,他們的心理與平常人的心理完全不一樣,我們很難預測他們的下一步行為。

第二類,退縮型人格障礙。如自戀、孤芳自賞,以自己為中心,這種人多數情況下不會與他人發生衝突,因為他們主要關注自己幻想出來的世界;只有當退縮型人格障礙和反社會型人格障礙結合時才會對他人構成危險。例如,病態的自戀。

第三類,怪癖型人格障礙。何為怪癖?就是怪誕的癖好,是某個人對某種東西或行為的喜歡達到了偏執而習慣化程度的偏好。

怪癖的內容是各不相同的,但是這一類人的共同特點就是存在一種頑固的、以內心感受為目的的怪癖行為。常見的怪癖有偷竊癖、謊言癖、怪戀癖和賭博癖。

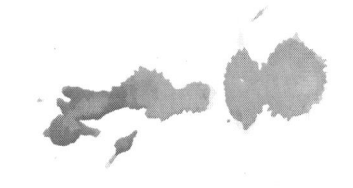

偷竊癖

我們先來看一個怪癖引發的案例。

某大學的一名理工科男生，向來性格內向、孤僻，沒有親密的人際關係，沒有朋友，更是從來沒有交過女朋友。

有一次，在階梯教室上課時，前排女生飄逸的長髮無意中搭在了他的筆記本上，觸到了他的指尖，他突然感覺像觸電了一樣，頓時既緊張又興奮，有一種按捺不住的激動。有了這一次特殊的、強烈的體驗後，他每次上課都有意地到留有長頭髮的女生後面的位置就座，上課時的心思也全都在女生的頭髮上了，還不時地幻想著女同學的言行反應。終於有一次，他用事先準備好的小剪刀，趁旁人不注意時，剪下了前排一名女生的一小縷頭髮，緊緊握在手心裡帶走了。

大家可能會問，這縷頭髮又有什麼用？對這名男生來說，意義可大了：他在夜深人靜或獨自一人時，會仔細觸摸和欣賞這一縷頭髮。這時候他既害怕又興奮不已。經過一段時間，這名男生的學業也落後了。他的理性告訴自己，這是不正常的！經過一段時間激烈的心理掙扎之後，他來到學校的心理諮商中心找心理輔導員，讓輔導員「救救他」。他說自己已經收集了十幾縷女生的頭髮，而且好像還停不下來。他把收集到的頭髮打理得很好，都裝在一個精美的小禮盒中。

當夜深人靜、寂寞無聊時，他會小心翼翼地拿出來欣賞，就像欣賞戰利品一樣。他自己知道不應該這樣做，但就是控制不住自己。可以看出，他的內心有嚴重的心理衝突，他希望能夠回到正常的生活狀態。

這是什麼情況呢？這就是戀物偷竊癖的表現。偷竊行為和性變態行為緊密地連繫在一起，是對和異性身體相連繫的非生命物體的迷戀，是象徵地表達對異性身體的關注與幻想：女生的頭髮成了他性幻想和性滿足的對象。

精神分析理論認為，人現實中的焦慮與恐懼是人的心理世界中本我與超我衝突的表現！

也就是說，原始的性慾本能和道德感之間有尖銳衝突，它和道德品格的好壞沒有必然的關係。

介入、治療戀物癖的關鍵在於讓患者學會建立正常的處理異性人際關係的社交技能。

這是特殊的偷竊癖。而一般的偷竊癖只是偷竊成癮，偷竊行為不以獲取經濟利益為目的，而是在一種強烈的偷竊衝動驅使下，從偷竊過程中獲得某種特殊快感的變態心理。

偷竊癖患者在行竊方式上有許多怪異的特點：有的在行竊之後又將東西送還原主，下次再偷；有的偷了張三的東西轉送給李四；有的則將偷來的東西扔掉或者收藏，供以後欣賞；甚至有些人到朋友家做客，也可能隨手帶走東西。例如，

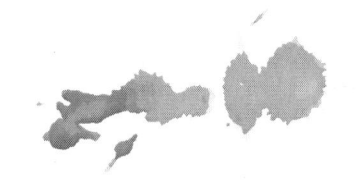

出門時把朋友家的鑰匙帶走了,過了一天之後打電話問朋友:「是不是你家的鑰匙不見了?告訴你吧,在我這裡。我不小心拿錯了,你來取回吧,小心,下次還有可能拿錯的!」等等之類的。這時,他的心裡是很開心的。這種情況和一般的惡作劇還不一樣,它是一種癖好。

多數情況下,這種強烈的衝動會不斷地升級:作為對自己能力的一種挑戰,偷竊的目標會越來越有難度,以證明自己很有高強的本事。這種人往往會成為盜竊慣犯!

可以看出,一般的偷竊癖注重偷竊過程中的感受,而戀物的偷竊癖關注的則是和異性身體有密切關係的非生命物體。

戀物癖大多只會涉及一般性違法犯罪行為,但是,如果沒有得到懲罰或正向的引導,也可能升級為暴力的性犯罪。以下一起案件就是戀物癖導致的暴力性犯罪。

高跟鞋的誘惑

有一個 5 歲的小男孩,一直和單親媽媽生活在一起,沒有朋友,也沒有玩具作伴,很是孤獨無聊。有一天,這個小男孩在家門口的垃圾桶旁發現了一雙紅色的高跟鞋,高跟鞋很精緻、很鮮亮,小男孩就把它們帶回家當玩具玩。媽媽發現後很生氣,就把高跟鞋扔掉了。小男孩並不明白媽媽為什麼要扔掉這個玩具,過後又偷偷地撿回來玩。媽媽大怒,還責罵了他。這反而激起了這小男孩強烈的好奇心。之後,這

個小男孩就開始特別關注女人的鞋子，從他媽媽穿的，到外面女生穿的。直到13歲的某一天，他向一個小女孩索要鞋子，女孩聽到後嚇得逃走了，他第一次從女孩的驚恐表現中感覺到特別的興奮感。17歲時，他就開始在偏僻的小路上襲擊女孩子，搶走高跟鞋 —— 其他東西不要。一開始，他還有些害怕，後來發現這也沒事，於是這樣的行為就越來越多了。他結婚後，一度還算正常，後來，他就要求他的妻子一絲不掛地穿著高跟鞋在他面前走來走去，並拍下裸體的照片。這樣沒有多久，他倆就分居了，他一個人到地下室獨自生活了。而這種欲望卻一直在滋生暗長，彷彿一個魔鬼在召喚他。後來，他很快就發展到襲擊、綁架年輕女性，強迫她們赤身裸體僅僅穿著高跟鞋拍照錄影，然後殺害她們。最後被逮捕時，他獨自生活的地下室裡掛滿了穿著高跟鞋的女性裸體照片。

這就是戀物癖導致的暴力性犯罪行為。他們的行為後果往往很嚴重，這類疾病也很難矯治。

這些人只對女性貼身使用過的物品感興趣。這種人並不看重物品的價值，只要女生用過，尤其是貼身用過的，就有很大的吸引力。這說明什麼？這說明他們把自己壓抑的性慾、愛欲投射到那些沒有生命的物品上了。

戀物癖引發的暴力行為當然是犯罪。戀物癖不是刑事免責的正當理由，但是它也有病理衝動的成分。在施加懲罰的同時，也需要進行專業治療。如系統的認知行為療法就有一定的矯治效果，雖然介入的效果並不穩定，但總比坐視不理要好。

謊言癖

謊言癖主要表現為行為人說謊成習慣，說謊成為一種自動帶來內心欣喜的愛好。即使在沒有必要說謊的情況下，他也會自動地說謊。例如，在路上有人問路時，他會故意指錯方向。他會心中得意：「他又上當了！」但他在外表上一點也不會露出聲色痕跡，只是內心竊喜！

謊言癖的基本特點是行為人說謊不以騙取錢財為主要目的，而是以謊言來獲取個人變態的心理滿足。他們常常以虛構自己的出身和經歷為主要內容，但這和詐騙犯罪又有本質的不同，也不至於發展到具有嚴重後果的犯罪。熟悉他的人都知道，此人有怪癖，人品有問題，很不誠實，油腔滑調的，一點也不可信任。

怪戀癖

這是一種在性愛問題上的人格障礙，多見於男性。它的基本特點表現為專門選擇某種特殊的戀愛對象（如有夫之婦、女性性工作者等），以滿足其特殊的變態心理。他們和這些女性交往後，要求對方對自己要絕對忠貞。還有的人專門挑選行為輕佻、放蕩的女性作為「戀愛」對象，以便從女方的

放蕩行為中激起自己強烈的嫉妒感與占有欲。對方的行為越是放蕩,越能激起自己的嫉妒心理,他們投入的熱情也就越高,以滿足變態的心理需求。這種怪戀癖者通常會引起人際情感衝突、家庭糾紛,也可能引起情殺等犯罪行為。

如果患者是女性,就是典型的輕佻型人格障礙者。其主要特點是舉止輕浮、行為失當,虛榮心非常強,不顧及道德感。甚至他人越是貶低、指責她,她越是興奮,越覺得自己很有身價,越覺得自己有本事、有魅力能破壞別人的親密情感關係。她們常常以編造謊言、誘人上當或者破壞他人家庭為樂趣。當這個目的達到時,自己便很快地退出戰場,不再有一點留戀之情。這類人格障礙者常常會參與詐騙、賣淫等違法犯罪活動。

怪戀癖也稱為性愛成癮症,是一種人格成癮與行為成癮,難以矯正。行為人自己完全知道自己行為的錯誤,但就有一股強烈的衝動驅使自己這樣做。理性上是痛苦的,但是好像能夠帶來一種自虐的快感,不能自持,自己是難以從泥潭中跳出來的。

精神分析理論認為,這是對患者自己曾經過錯的懲罰。他們表面上可能有體面的工作與社會地位,卻過著一種放蕩的生活,潛意識中透過做壞事來懲罰自己,好像在贖罪一樣,也就是所謂的「自罪動機」。換言之,這是由一種強烈的贖罪潛意識動機引起的行為。

賭博癖

賭博癖是行為人賭博成癮、嗜賭如命的變態心理。此類患者中男性居多，他們可以一天不吃飯，但很難做到一天不賭博。有此癖好的人，對人基本冷漠無情，對工作敷衍了事，甚至沒有心思工作，更沒有對社會、對家人的基本責任心。他們對各種正常的康樂活動都不感興趣，覺得只有賭博才是他們生活的中心和目的。他們無視輿論的譴責和法律的制裁，今天可以說堅決改正，明天還是堅決上賭場。還有，他們一般都很迷信，他們會迷信地認為：今天輸了明天就會贏，今天小贏了，更應該抓住好運氣！對這種人而言，賭博是生活的全部，甚至是生命的全部，其結果往往是傾家蕩產，甚至妻離子散、家破人亡。

患有上面這些怪癖的人的想法與行為太怪了。那麼，為什麼會這樣？背後的成因是什麼？

對此，美國華盛頓大學的臨床醫生克洛寧格（C. Robert Cloninger），以氣質和性格的聯合作用進行了解釋。

首先，這些人的神經系統中，有追求刺激的傾向。對他們而言，新奇事物的誘惑力大，如青少年的吸菸喝酒甚至吸毒，以及追求刺激的冒險行為，就與神經系統的這種特別追求刺激的傾向有關。

更為關鍵的是他們的大腦迴路中有一種強烈的自我獎賞機制：他們傾向於追求這種欣快感。這類似於多巴胺、腦內啡產生的主觀欣快感，也像興奮劑、催化劑一般強烈地驅使著主體作出某些行為。他們做這些事時，往往是很有熱情的樣子，但是在正常的工作生活中，卻沒有一點毅力。

這些氣質方面的特徵，和神經系統、內分泌系統的機理相連繫，同時，後天形成的行為習慣也左右著他們的生活方式。例如，他們合作的意向低，更喜歡單獨一人的生活狀態。

還有，他們只關注自己，對他人興趣不大。而且，他們還有明顯的及時快樂傾向。精神分析的觀點稱之為本我的驅動。他們奉行的人生信條是：「今朝有酒今朝醉，明天愁來明日愁！」

也可以說，這些人更容易形成怪癖，是因為他們的神經系統中有著一種追求刺激的天然傾向，有一種大腦內自我獎賞的強烈機制。也就是說，這些人天生地更具有怪癖成癮的易感性，同時，其後天的生活習慣及「小圈子」環境又強化了這種不良的偏好與行為模式。

雖然這些人的行為與內心世界怪誕無比，但卻是真實的存在。

這種行為是負面行為模式，甚至是違法犯罪行為的表現，是需要矯正、預防的方面。

縱火犯罪人：
焚燒內心欲望的極端釋放

二十多年前的一個夏夜，發生了一起震驚大眾的網咖縱火案。

2002年6月14日的晚上，兩個少年在網咖裡玩遊戲。正玩得興致勃勃時，沒有了遊戲幣，遊戲暫停了。他們就向旁邊的人要錢，別人也正忙著破關，而且他們相互之間不認識，旁邊的人不想給錢。因此，雙方發生了一些言語衝突。這時，網咖管理人員就強行把這兩個少年趕出了網咖，理由是「未成年人不得入內」！

充滿怒火的兩個少年並沒有直接回家，而是來到了經常和他們一起玩的一個17歲的姐姐的住處，還叫來了另一同伴，憤憤不平地訴說了剛剛遇到的這件惱火事。其中一人隨意地回答道：「你有本事就把它燒了！」「燒網咖？」其中一位受氣的少年聽後大聲地回應說：「好！那就燒了它！」「我玩不成，你們也別想玩！」當時，那位姐姐「以為他是說著玩的」，沒有想到，這個少年心中一個險惡的計畫正在醞釀著。

轉眼到了第二天，晚上7點左右，他們和往常一樣去網咖上網，那位姐姐給了他們500塊錢，她去了自己常去的另一個相鄰的網咖上網。

出門時，其中的一個少年隨手帶上了放在桌上的一個空飲料瓶。他們在街上閒逛了一陣後，到了附近的加油站，以替摩托車加油的名義，用那個姐姐給的500塊錢買了1.8升

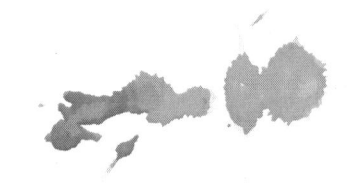

汽油裝在飲料瓶裡。

凌晨2：40左右，兩個少年來到了網咖門口，他們在通訊軟體上留言給那位姐姐：「姐，我們去燒網咖了，等我們吧。」正在另一網咖玩遊戲的姐姐簡單地回了一句：「小心點！」

網咖位於二樓，他們就在樓梯的地毯上，倒退著灑上汽油，用一團衛生紙點燃後，迅速離開。

火焰沿著地毯和樓梯直接燒到了二樓。由於網咖是未經許可私自開業的，一百多坪的房屋內有80多臺電腦，這些電腦放置在大廳和五個隔開的小房間裡，包括電腦、電線在內的易燃材料快速形成龐大的火苗，並釋放出大量有毒氣體。玩得正投入的玩家們發現火情後，在驚恐中跑到下樓的通道口，但是，樓梯上已是熊熊大火，他們又轉身奔向天臺與窗戶，然而，為了防盜，老闆早已把窗戶用鐵條封死了。雖然趕來的消防員與群眾奮力搶救，也沒能夠救出全部的人。結果導致25個年輕人被活活燒死，還有12人被嚴重燒傷！

涉案的四人都是未成年人，年齡在13～17歲之間。他們都有相似的家庭教育問題──家庭破裂，家裡人有吸毒的，還有犯罪的。這些孩子基本上無人管教，早早地離開了學校，一直在社會上遊蕩，成天就在網咖裡混日子，他們都對社會有深深的怨氣與不滿。

在現實中，我們會更多地關注這些少年違法犯罪的行為本身，卻往往忽視這些問題少年其實也是失敗的家庭教育的犧牲品，從另一個角度而言，他們也是受害者！

在法庭審理時，法官要求四個少年向受害人家屬道歉，但他們卻反應平淡。最後，其中兩人被判處無期徒刑，一人被判處12年有期徒刑，另一人因為只有13歲被處以感化教育。

縱火犯罪，是一種故意放火焚燒公私財物，危害公共安全的行為。一般來說，縱火行為大多發生在後半夜，因為這段時間裡行為相對隱蔽，火情難以被及時發現。

那麼，什麼樣的人喜歡放火？

1. 內心壓抑的人

他們或者因為家庭環境感到壓抑（如父母分居、離異，不當的教育方式等），或者是在工作和生活中遭受了挫折，以放火來釋放壓力和憤恨！

2. 憤世嫉俗的人

他們內心往往充滿了對社會的對抗情緒，他們採取縱火這種有較大的破壞性又相對隱蔽的方式來實施報復。

3. 偏執的人

他們在認知方式上，普遍地存在偏執的觀念與行為，縱火行為成為他們解決心理壓力的優選方案，也就是採取直接

而原始的辦法解決問題。

那麼，導致縱火犯罪的直接動機主要有哪些？我們可以看看下面的例子。

2014年7月5日，發生了一起公車縱火案。犯罪人是在某市工作的包某某，在長期經濟負債與長年疾病纏身的雙重打擊下，他產生了對社會的不滿，他想縱火自殺，並報復社會。於是，他攜帶煤油在公車上縱火，結果導致32人受傷。

還有2017年的保母縱火案。保母在雇主家的待遇還是不錯的，月薪30,000元，出入有車接送，雇主還曾經借給她10萬元還債。後來她因為賭博欠錢，又向雇主家借錢，雇主一時沒有答應她，她就頓生仇恨之心，實施報復。在凌晨一把火燒死了一家四口（三個小孩與孩子的媽媽）。這種人認為，別人對她的好是理所當然的，一旦別人不能滿足她，她就立刻爆發出惡意。這種人不懂感恩，反而恩將仇報。

上述三起縱火案件中，犯罪人的動機是什麼？是報復。

他們的行為是典型的挫折——憤怒——攻擊的行為模式；犯罪過程都伴隨著強烈的情緒宣洩。在縱火動機中，報復動機是最為常見的、顯性的犯罪動機。其中有以人為縱火目標的，也有以財物為洩憤對象的。

除了報復動機，還有財產動機。比如，為騙取保險金、銷毀財務帳目而縱火；為打擊競爭對手而縱火；受人僱用而縱火。

縱火犯罪人：焚燒內心欲望的極端釋放

這些人都是為錢財而縱火！

現實中，還有一類縱火動機非常特別，這就是快樂動機。我們先來看一個典型的案例。

2003年2月至5月的三個多月內，一條繁華的商業街道上發生了13起火災，導致一人死亡，多人受傷，還有大量的財產損失。火災這麼頻繁地發生在同一地點，很不正常。

偵查人員在重播現場錄影時，覺得一個人的身影有點熟悉，經過回憶比對才發現，原來此人因為多次積極參與救火行動，獲得過「救火英雄」的榮譽稱號，他們在表彰大會上見過。

這人就是33歲的吳某某。

經調查，吳某某早在1996年就因為數次故意放火被判處8年有期徒刑，6年後的2002年10月，被提前釋放。也就是說，他剛剛從監獄釋放出來不久，當地的火災就頻頻發生了，而且，此人又出現在火災現場，難免有重大的作案嫌疑。

在大量的證據面前，吳某某承認了13起火災中有11起是他放的。

「你為什麼放火？」

面對偵查人員的訊問，吳某某呆呆地答道：「不為什麼事。」

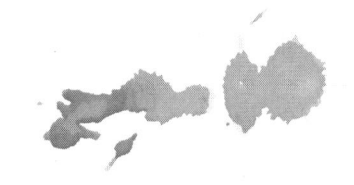

「有沒有想到後果？」「沒有。」吳某某回答得也很乾脆。

吳某某本來就很內向，少言寡語的。但是，每當偵訊人員提到放火的情形和細節時，他就表現出一種難以控制的興奮！

後來，吳某某自己說，他「覺得放火很好玩，看到有人救火，覺得很刺激」。

這種人是縱火狂，他的縱火行為是縱火癖的表現。縱火癖是一種特殊的怪癖型人格障礙。主要表現為：為釋放緊張，獲得快樂而縱火；為尋求關注而縱火，這種人一般會選擇代表性建築物為縱火對象；也有單純的惡作劇縱火。

縱火狂的行為是一種典型的、極端的病態性縱火，是行為人在一種難以抗拒或者強烈的情緒衝動中，伴隨著強烈欲望表達的縱火行為。火焰讓他們感覺到無比強烈的興奮。對縱火癖患者而言，這能夠帶來一種特殊的心理滿足感。

精神分析理論認為，縱火狂的縱火行為是以火焰代表其性本能的力量的釋放，在縱火期間，行為人彷彿體會到一種強烈的「性快感」。

縱火人往往能從火焰的顏色、溫度及周圍人的緊張、危險狀態中感受到內心的愉悅，這是一種由原始的性本能轉換而來的興奮與樂趣。因此，這種人也被稱為「色情縱火狂」。

相應地，此種縱火行為有類似性本能的週期性、衝動性的特徵。

有些時候，縱火犯罪是為了掩蓋其他違法犯罪行為，或者說是「為了安全而縱火」。

比如，為了破壞犯罪現場或證據線索，或者轉移視線而放火，這也稱為「隱匿犯罪的縱火」。

比如，1933年德國國會縱火事件是什麼動機？這是個政治陰謀，納粹組織藉機解散德國共產黨。這就是一個政治陰謀，是出於政治動機的縱火。

另外，行為人還可能因為毒癮發作，在幻覺或者妄想作用下，發生縱火行為。

我們經常說：「物有其本，事有其源。」每個事件的發生都有背後的起因。

縱火狂的犯罪，看似怪誕，難以理解，其實它是由心理障礙引起的，是病理性的衝動行為，是一種性情被壓抑後性本能的象徵性表達。這種縱火者既是犯罪者，也是心理病人。

測謊技術：
看破謊言的心理偵查術

測謊技術：看破謊言的心理偵查術

大家可能看過美國電視劇《千謊百計》(*Lie to Me*)，其中被誇張性展現的神祕的技術就是生理心理測試技術——測謊術！

在自然界中，動物的欺騙是常見的生存策略：有的是為了防衛而欺騙對手，也有的是為了獲得更多的資源而採取欺騙手段。

實際上，在人類的各種活動中，謊言也是很常見的。有些時候，人們在往來之間會自覺或者不自覺地說一些謊話，這並不一定都是惡意的行為，其中也有善意的表達。

如今在打擊犯罪的活動中，廣泛應用的測謊技術就是一種揭露謊言的技術。

很久以前，人們就一直努力透過各種方式、方法來發現、揭露謊言。

在宗教色彩很濃的時代，人們很相信神靈，為了揭露謊言，人們使用的測謊方法是神裁法。例如，水試法（把人的手腳捆綁起來扔到水裡，淹死的就是壞人，沒有淹死的就是誠實的人），火試法（讓人光著腳從炭火上快速走過，如果他的腳被燒傷了，就說明他是個壞人；如果沒有燒傷，就說明他是個好人）等。這類方法是假借神靈的意志來裁判誰是誰非的「測謊」方法。

隨後，才逐漸演繹出以經驗智慧為基礎的測謊方法。最

有代表性的一起案件是二母爭子案,也就是兩個母親爭搶小孩的案件。

有兩個年輕的母親都剛剛生了小孩,其中的一個母親的嬰兒不幸夭折了。這個母親非常傷心,非常想念孩子,這時她發現鄰居家也剛好有一小孩,就伺機偷來當成自己的孩子。這樣兩個母親發生了爭執,她們就找到一個公正人來裁判。公正人一時也難以從兩人的辯解與孩子的相貌上判斷。公正人就說,「這樣吧,你們兩人搶吧,誰先搶到孩子就歸誰了」。一聽這話,兩個母親就開始準備。但是過了一會,其中一位母親主動提出,她不搶了。公正人立即判斷她就是孩子的親生母親,因為親生母親害怕在爭搶中傷到孩子而退出。

真正意義上的測謊技術是 20 世紀的事情了。

1921 年,美國一名理工科背景的大學生拉森(John Augustus Larson),到加州舊金山對面的柏克萊小鎮當了一名警察,他的基本工作是抓小偷。他在抓小偷時發現,除非當場有非常確定的證據,否則小偷們都會百般地否認、抵賴,不承認自己的偷盜行為。這讓拉森很苦惱。他苦思冥想,後來在醫學檢查儀器的啟發下,他利用自己所學的生物學與機械方面的知識,做了一臺儀器,就是測定犯罪嫌疑人在接受訊問時的心率、血壓與呼吸頻率的變化,以探測小偷在偵訊時是否說謊。這個方法很靈,立刻就能從生理指標的快速變化

中辨識出小偷的說謊行為，這對辦案很有幫助。於是，這種測謊儀就開始在司法實踐中推廣應用起來。這就是人類發明的第一臺測謊儀，從此，測謊技術就不斷系統化、規範化地發展起來，並且越來越成熟。經過幾十年的嘗試，已經發展出了許多不同正規化的技術方法，比如，壓力峰值法、控制問題法、犯罪情景測試法等等。

所謂測謊儀，學名叫心理生理測試儀。其主要參照的指標是心率、血壓、呼吸頻率，後來隨著技術不斷的更新和發展，增加了一些新的指標，如皮膚電、腦電、身體微反應、微表情等等。

那麼，這些儀器為什麼能夠辨識謊言？它的原理是什麼？

簡單地說，就是每一個人遇到危險情況時，都會不由自主地感到緊張、恐懼，而當心理上產生緊張、恐懼時，人的生理上就會自動地產生一些變化（以適應當時的緊張危險情況），專業人員就可以從生理變化中來推斷他是否在說謊。

那麼，為什麼心理緊張時會有相應的生理變化呢？

我們知道，人的生理反應與外部行為都是在神經系統的控制下實現的。有的行為是人自己能夠主動控制的，比如，你可以主動地說一個不太好笑的冷笑話，也可以假裝很傷感。而有些生理反應是不受人的主觀意志調控的，比如，一個男生第一次和女生約會時，可能不由自主地心跳加快，或

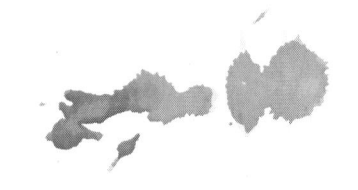

者滿臉通紅,這就是不受行為人的主觀意志控制的。

有一種自律神經,也稱為植物性神經,包括交感神經系統與副交感神經系統,它是在漫長的生命進化中形成的自動反應機制,它在平和情境和緊張情境下的工作模式是不一樣的。如果在重要的、危險的情景中,它會啟動交感神經的應急模式,也就是戰鬥或逃跑的反應模式。比如,在森林中突然遇到老虎,除了被嚇暈之外,就只有戰鬥或者逃跑這兩種反應,這也是自動化的反應,既不需要思考,也不需要任何推理。這是高等動物進化出來的一種本能,這樣才能生存下去。有人問,如果沒有這種戰鬥或逃跑的反應模式會怎樣?他就被老虎吃了,這種人是沒有後代的。就是說,基本上沒有這種人。這種行為模式是自動反應,而且反應很迅速。心理和行為要快速反應,生理上就要有相應的準備,如心跳加快,血壓上升,呼吸加快,腎上腺激素飆升,肌肉緊張起來,這樣才能有能量與力量去戰鬥或逃跑。這些生理的自動反應都是生物進化的結果;這些生理變化是不受主觀意志調控的。

遇到了一隻老虎,這只是一個比喻,比喻緊急的、迫切的危險情景。現代的人,可能面臨各種「隱形的老虎」,如遇到了危急的事件,或者自己做了壞事,他自己也肯定知道,一旦被發現,是要接受懲罰的,或者受到良心的譴責。如實施犯罪行為,後果當然非常嚴重,要付出極大的代價,會失

去自由、尊嚴,甚至生命。這些「隱形的老虎」出現時,就會自動地激發出內心的恐懼與相應的生理反應。所以,可以透過檢測他們在面對特定犯罪資訊時的生理狀態,從而推測出他們的心理狀態,例如有沒有說謊。簡單地說,測謊就是從生理變化指標來推測心理狀態。

這裡有一個尖銳的問題,有沒有不會產生正常的緊張感、恐懼感的人?如果有,對他們測謊行不行?

答案是,有這種人,就是精神病態者,他們沒有平常人具有的緊張感、恐懼感,所以,對他們測謊基本上是無效的。而大多數正常情況下的行為人是做不到這種生理控制的。

在對犯罪嫌疑人進行測謊時,經常使用的是壓力峰值測試技術,也叫犯罪情景測試技術。

比如,有一個錢款被盜的案子:一個人放在辦公桌上的5,000塊錢不見了,第二天才發現,而且確定這兩天沒有外人進來,那辦公室裡的其他人自然就成了嫌疑人。他們都不承認拿了錢。最後透過測謊來判別,替他們一個一個接上測謊儀的感應器進行測試。因為,從表面上可能看不出來一個人的緊張,但是透過儀器的訊號放大,心理緊張的生理反應就立即被放大顯現出來了。

測試的時候,工作人員會提出5個問題:

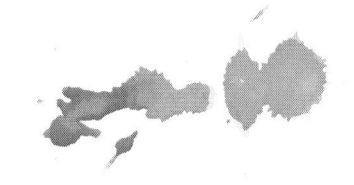

你叫什麼名字？

今天天氣怎樣？

最近工作如何？

你會把那 5,000 塊錢藏在家裡嗎？

最近身體還好吧？

其中，第四個顯然是案件相關問題，其他的是無關問題。

這樣，透過對案件相關問題與無關問題的生理反應對比來判斷。如果，每當問到案件相關問題時，某人的生理指標就快速變化，那他的犯罪嫌疑就大大增加。透過多次的測定，基本上就可以把犯罪嫌疑人判別出來。

這就是壓力峰值測試法，如果每當問到案件相關的資訊時，被測試者的血壓上升、心率加快，這說明什麼？說明此人至少是案件的知情者。

又比如，在一個凶殺案中，犯罪的凶器很特別，別人不會知道，比如是一把梭形匕首，大多數情況也只有犯罪嫌疑人才知曉這一特殊的細節。

測謊題的設定可以是：

凶手在殺人時用的是：菜刀？斧頭？梭形匕首？剪刀？木棍？

這樣一組一組地進行測試。

如果，每當問到梭形匕首時，某人的血壓、心率劇烈變化，呼吸加快或屏住呼吸，這說明什麼情況？這說明他參與犯罪的嫌疑大大增加。

這種方法也叫犯罪情景測試法，是針對犯罪的細節或線索而設計的。

如何依據具體的數值來判斷犯罪嫌疑人呢？實踐中，主要依據相關問題與生理波動的對應率來判斷：

如果兩者的對應率小於30%（他是無辜者）

如果兩者的對應率在40%～50%之間（他是一般知情者）

如果兩者的對應率在50%～60%之間（他是參與知情者）

兩者對應率大於60%（基本可以確定他是犯罪嫌疑人）

當前，這種測謊技術的科學性和有效性處於什麼樣的程度？

一般情況下，對有罪者來說，可以達到80%～90%的準確性，也有15%左右的機率會讓壞人漏網，躲過測試，尤其是有測謊經驗的慣犯；對無辜者來說，準確性可達到90%～98%。但是，也有5%左右的無辜者會被誤報（比如有的人天

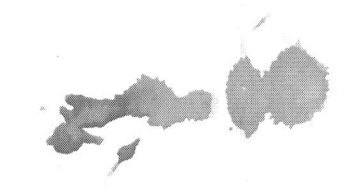

生就比較緊張,過於擔心),也就是可能把無辜者誤報為有犯罪嫌疑的人。

1990年代之後,西方測謊技術有了一些新的探索方向,代表性的新技術有以下幾種。

聲音分析技術

人在說話的過程中聲音會有一些生理性的變化,因為說真話和說假話的心理狀態不一樣。說假話時內心緊張,就會出現振顫的次聲波,這種特定的聲紋特徵可以透過儀器檢測到,從而推斷他是否說謊話。二十多年前,以色列的情報部門摩薩德就已經開始運用這項技術。

腦電測試技術

人的大腦在接收訊息時會產生事件相關電位(就是生物電),並伴隨有電流量與血糖耗氧量的變化,而當面對敏感資訊進行加工時,可以偵查到事件相關電位ERP的時間變化量與波形特徵。它是透過功能性核磁共振fMRI、正電子斷層掃描PET等技術來測定的。由於這種腦電的變化不受人的意識控制,因此,可以由此來推斷說話的真實性。目前,這種技

術正處於探索驗證應用階段。西方一些國家已經將其廣泛運用於刑事偵查、民事調查以及特定人員的篩選活動。

微表情、微反應辨識技術

這種技術在一些電視劇、電影中都有誇張的表現，很是神奇，類似於快捷的讀心術。其實這項技術並非純粹的想像，現實中也確實有這種測謊技術。該技術的理論認為，表情和微表情是進化中的情緒遺跡。比如自然的微笑與假裝的微笑不一樣：40多塊面部肌肉的快速模仿，嘴角收縮、顴骨肌抬起，這就是假笑，模仿的笑，是職業性微笑，也叫禮貌笑（Pan Am Smile，泛美航空公司小姐的微笑）。一般人透過學習、練習就能假笑，別人一般能夠看得出來。而真誠的笑同時伴有眼角肌舒緩的收縮、舒緩的回落，這叫杜申微笑（Duchenne Smile）、自然的微笑，是發自內心的愉悅的笑，是不需要學習就會的。比如，嬰兒在四個月時就會這種自然的笑。

微表情是人類自然進化的產物，是潛意識的情緒流露，是大約持續 20 ～ 200ms 的表情。因為微表情、微反應不受人的意識的控制，能夠較為真實地表達出內心的感受，可以據此來推斷真實與虛假的反應。

世界著名的情緒心理學大師艾克曼（Paul Ekman）的研究團隊開發了微表情辨識與訓練方案（METT），透過短時間的表情與微表情辨識訓練可以快速提高安全人員在公共場合對危險人物的微表情辨識能力。據說辨識效果很好，透過辨識危險人物在特定場合的微表情與微反應，他們已經成功阻止了 70 餘起計畫性的恐怖襲擊事件。

　　當然，所有的測謊技術都要面對一個難題，那就是犯罪嫌疑人的反偵查能力，也就是偵查人員要隨時注意犯罪嫌疑人的反測謊舉動。

　　什麼是反測謊舉動？比如被測試者屏住呼吸、不停地問話、環顧左右、咬舌頭、握緊拳頭、用力勾腳趾等，以此製造多餘的生理波動的假象與干擾。某人為什麼要反測謊？肯定是心中有緊張或擔憂，這些資訊對分析研判同樣也是很重要的。

　　心理測試技術是一種基於生理與心理關係的技術，並不是主觀的臆測，而是一項有科學原理支持的應用技術；當前，它的應用價值不僅表現在打擊犯罪中，在公共安全（如反恐行為）與特定人員（比如軍人、國安人員）忠誠度考查中也有用武之地。

　　當前，只有少數西方國家規定測謊報告具有間接證據的法律地位。在刑事案件中，多數國家的司法系統並不允許測

謊報告直接作為證據使用。

當然，要特別注意，由於人的心理的複雜性和個體差異性，尤其是犯罪嫌疑人強烈的心理對抗性，犯罪心理測試技術仍然需要不斷完善，以提高測試的準確性與穩定性！

總之，在測謊技術的發展與應用中，我們看到了打擊犯罪的技術在快速地進步。

正所謂：魔高一尺，道高一丈！

「正義也許會遲到，但是絕不會缺席！」

犯罪心理側寫：
描繪犯罪者的心理輪廓

犯罪心理側寫：描繪犯罪者的心理輪廓

俗話說：「畫虎畫皮難畫骨，知人知面難知心。」人的心理是複雜而隱祕的，正常情況下，一般人的想法與心態是很難推測的，居心叵測的犯罪人的心理則更加難以捉摸。

那麼，對具有強烈對抗性與隱蔽性的犯罪人而言，他們的行為和人格特徵能不能在精神分析與行為科學的幫助下準確地刻劃出來呢？這就是犯罪心理側寫技術的目標所在。

犯罪心理側寫這項應用技術，是如何演化而來的？

先來看一個經典的案例——紐約瘋狂炸彈客。

1940 年 11 月 16 日，美國紐約市，有人在聯合愛迪生公司大樓的一個窗戶邊發現了一枚沒有爆炸的炸彈。炸彈的旁邊有一張手寫的字條，上面寫著：「聯合愛迪生公司的騙子們，這是為你們準備的。」字條的署名是英文大寫字母 F.P.（辦案人員起初以為這是犯罪人的姓名或外號什麼，實際上並不是）。

這只是這場遊戲的開始，一場延續了 16 年的炸彈遊戲（共放置了 33 枚炸彈）。這個犯罪人陸續在公車站、地鐵、劇院等公共場合放置炸彈。這樣一來，不僅是炸彈爆炸直接造成了人員傷亡，更大的破壞是這種行為導致紐約城持續瀰漫著恐怖的氣氛！

紐約警察一直在努力，可是案件一直沒有頭緒，找不到這個隱藏的犯罪人。

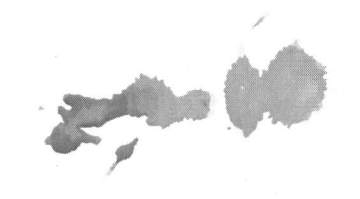

直到 1956 年，一名辦案警察提議，能不能請一位精神科醫生來協助辦案，因為他認識的一名心理醫生看人很準。於是，警方請了一位精神科醫生來試試。實際上，這位醫生自己也沒有把握，因為他從來沒有參與過辦案。可沒有想到，他很快就找到了犯罪人的蛛絲馬跡。

這位精神科醫生結合犯罪人的作案時間與手法，以及現場的遺留物，尤其是對信件的內容與書寫方式的分析，得出了結論。醫生說，犯罪人的線索早已經留下了，就是你們沒有注意到。

這名精神科醫生提出了犯罪人的 17 個具體特徵。

1. 男性。根據能製造炸彈、遠距離多處放置炸彈、狂妄地留下字條，以及字跡等特點可以推斷出，犯罪人應為男性。
2. 年齡在 50～60 歲。此人認為聯合愛迪生公司害了他，漸漸地認為整個世界都在欺騙他，進而變成「偏執狂」。偏執狂一般有一段潛伏期，但是一過 35 歲，患者就會變得一發不可收拾。此人放置炸彈已經有 16 年了，所以年齡應該在 50 歲以上。
3. 不胖不瘦，中等身材，體格勻稱。從心理學角度講，人類的體格、個性和精神疾病的發展都會有關係，其中偏執狂中 85％左右的人具有運動員的身材。

4. 獨身,沒有朋友,與年長的女性親屬共同生活。此人經歷過失去母愛的極大痛苦,此後也沒有建立起愛情和友誼,創傷一直沒有癒合,導致這種怪異行為的連續發生。因為缺少母愛,所以會尋找年長的女性親屬共同生活。如果沒有這個女性親屬的陪伴,其心態必然狂躁,爆炸的密集度和時間跨度也都會發生改變。
5. 居住地在布里奇頓區。匿名恐嚇信不是在紐約就是在韋斯特切斯特投寄,因此此人的住所可能在兩地之間。
6. 居住在一個單獨的院落中。製造炸彈必須有一個設備很好的工作室,不會妨礙鄰居,也不會輕易被人發現。
7. 受過良好的中等教育。從其清秀的字跡可以看出這一點。
8. 衣著整齊、風度翩翩。一個偏執狂在衣著或舉止上,常常會有追求完美的性格傾向。
9. 工作一絲不苟,屬於模範員工。從清秀的字跡和乾淨的信紙可以推斷其工作態度一定不錯。
10. 不是純粹的美國血統。他把聯合愛迪生公司寫成「Society Edison」,而不是美國人常用的「Consolidated Edison」的縮寫「Cons. ED」。
11. 斯拉夫人。對仇敵採取報復措施因地而異,地中海沿岸的人多用匕首,斯堪地那維亞人多用絞索,斯拉夫人常

用炸彈。醫生推斷的布里奇頓區就是斯拉夫人的集中居住區。

12. 信仰天主教，定時上教堂。斯拉夫人大都信天主教，規律性的行為正是其習慣之一。
13. 此人曾是聯合愛迪生公司的職工。
14. 工作期間，聯合愛迪生公司曾對他有過不適當的處置。這種憎恨讓他產生了報復行為。
15. 曾經受過一定程度的心理創傷，有戀母情結並憎恨父親。男孩在幼年時會由於戀母情結而憎恨父親，會產生對權威的反抗，隨著偏執狂病情的加重及對社會的憎恨，會導致他到處放置炸彈。
16. 身患心血管疾病。他在留下的字條中，一再聲稱自己是病人，他可能患癌症、肺結核或者心血管疾病。
17. 喜歡穿雙排扣的西裝。

其中，這位精神科醫生對犯罪人書寫文字的精神分析很是精采：其中書寫字母 W，呈現弧形字型而且筆劃圓潤，這顯示犯罪人有強烈的性壓抑，圓潤形狀是對女性乳房的投射。他沒有結婚，很可能與年長的女性親戚居住在一起，有單獨居住的房屋。

最為精采的是最後一個：當你們逮捕他時，他很可能穿著雙排扣的西裝。

犯罪心理側寫：描繪犯罪者的心理輪廓

　　依據這些描述，警察按圖索驥，順利逮捕了犯罪人。他是一位曾在聯合愛迪生公司任職的退休職員，叫喬治‧梅特斯基（George Metesky），他受工傷之後被解僱，認為自己沒有得到公平的待遇。

　　他確實與姐姐一家人住在一起。

　　字條署名 F.P. 也揭開了謎底，那是一句宣示口號：Fair Play──「公平遊戲」的意思！

　　而且，在家裡被逮捕的時候，他穿著睡衣，但在要求更換衣服後，他確實穿上了雙排扣的西裝！這讓警察驚嘆：很精準，很神奇的心理側寫！

　　其實，這只是偏執狂患者在日常生活中的一個顯著特徵：很嚴肅又很刻板的表現。

　　這位精神科醫生就是一舉成名的布魯塞爾（James A. Brussel）。緊接著他又參與偵破了波士頓殺人案。

　　從此，精神分析的心理側寫技術進入 FBI 培訓學院，由富有辦案經驗的警察接受臨床精神分析的培訓，成為犯罪心理側寫師。

　　二十多年前，討論度很高的美國系列電視劇《犯罪心理》，講述的就是心理側寫師的辦案故事，電視劇裡的大多數情節由真實案件改編而成，如綠河殺手、大學炸彈客、BTK 殺手、黃道十二宮案等。電視劇的製作方還請來了當年參與

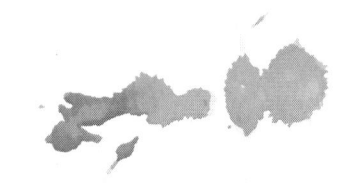

偵破案件的 FBI 偵探作為專業顧問。因此，電視劇的故事引人入勝，可觀賞性與分析深度也都較為到位。

可見，犯罪心理側寫就是找出犯罪背後隱藏的犯罪人，透過描繪其行為特徵與人格特徵把他辨識出來。它也稱為人格側寫或行為側寫。

也就是說，犯罪心理側寫透過對犯罪現場、被害人及行為證據的分析，在心理學原理的支持下，對隱藏的犯罪人的推斷。通俗地說，犯罪心理側寫就是尋找「罪犯的影子」。

具體來說，如何能夠刻劃出隱藏的犯罪人呢？

犯罪心理側寫就是以犯罪行為 —— 犯罪心理 —— 犯罪行為人形成的主線，在重現過程中，需要抓住其核心的三個要點：

第一，從犯罪現場與行為證據歸納出犯罪行為模式（行為發生的特點和規律）。

第二，犯罪行為模式可以反射出犯罪心理（以犯罪動機與犯罪人格為代表）。

第三，在辦案經驗與邏輯分析的幫助下，推斷特定的犯罪群體或者犯罪人，即找到符合這種心理特徵的人。

當今，有三種流行的犯罪心理側寫方法：美國 FBI 使用的犯罪現場重建、行為證據分析，以及英國的偵查心理學。

犯罪心理側寫：描繪犯罪者的心理輪廓

1. 犯罪現場重建

這是經典精神分析的應用成果，也是早期犯罪心理側寫技術的代表。

精神分析的核心是什麼？是性本能與潛意識，就是要找到犯罪心理與過去心理創傷之間的關係。在具體應用中，由犯罪行為推斷犯罪心理時，最為核心的線索有兩個方面。

一方面是犯罪慣技：習慣性的犯罪手段與方法。如入室搶劫，是暴力開鎖、技術開鎖，還是假冒工作人員欺騙開門等，這些習慣性犯罪手法，不會輕易地改變，因為它在犯罪人曾經的犯罪實施中有效而且安全。

另一方面是犯罪標識：犯罪人內心特定欲望的表達，如符號或儀式。它指向的是犯罪人強烈的內心欲望的滿足。例如，美國早期的西部土匪在搶劫殺人之後，會留下一朵「黃玫瑰」作為標記，好像在告訴所有的人：「這就是我做的！」又如，發生於1960年代的黃道十二宮案（此系列案件共造成了37人被害），犯罪者每次作案後都會在被害人屍體上畫上黃道十二宮中的一個星座符號，並留下挑戰書。再如，電影《沉默的羔羊》中，犯罪人在殺人後，會在被害人的嗓子裡塞進一隻蛹蟲，代表犯罪者化蛹成蝶的理想。這些特殊的做法就是犯罪標識，同時這往往也代表犯罪人對司法、對權威的挑戰。

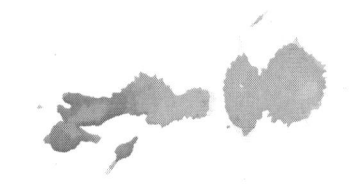

雖然犯罪標識本身對犯罪過程的安全性是非常不利的，因為要花費時間，也會留下更多的線索。但是，某些變態犯罪中的符號儀式非常重要，它是犯罪人內心強烈欲望的投射性表達。因此，犯罪標識的出現對於確定犯罪人，以及併案、串案都是非常重要的線索。

2. 行為證據分析

1990年代以來，美國犯罪心理側寫在行為科學與證據科學相結合的過程中發展出一種的新方法──行為證據分析法。

這種技術特別注重對於犯罪現場、被害人與行為證據等案件要素的綜合運用。比如，被害人資訊（已經死亡或受到傷害的被害者能提供的資訊量都很大）。

這種技術採取了兩種策略方向：從被害人尋找犯罪人；從行為證據確定犯罪人。

可見，這是行為主義與行為證據科學相結合的應用技術，它的核心是尋找證據和因果關係，而不像精神分析那樣強調對犯罪人內在心理特徵及心態的分析。

3. 偵查心理學

在英國，犯罪重現技術具體表現在偵查心理學中。該技術主張犯罪人的基本心態是：既要達到犯罪目的，又要相對安全地實施犯罪。

比如,犯罪侵害什麼人。

總有些人更可能成為侵害的對象,犯罪人對他們實施犯罪比較安全。無形之中他們成為了被害者,這就是所謂被害易感性特徵,如穿著暴露,防範意識差的年輕女性,往往就是性侵害的對象。她們是性犯罪的易感群體。

再如,犯罪行為更可能發生在什麼地方?

這是指犯罪地圖,或者犯罪易感地帶。在系列的盜竊案或強姦案中,犯罪者的活動範圍大致符合「圓周定律」:以最遠的兩個發案地點為直徑畫一個圓圈,犯罪人有80%的可能居住在這個圓圈中,有60%的可能居住於該圓圈的核心地區(城市中大約在3～5公里範圍之內)。

例如,2000年至2004年間,某地發生了一系列姦殺案,各個案發地呈現出散狀分布,好像沒有一點頭緒。但是,在仔細分析後發現,案件發生地的分布圖像九宮格一樣,兩縣市多個村莊都發生了多起案件,呈現出圓圈狀分布,而圓圈的中心地帶沒有發生一起案件。這時有經驗的辦案警察就推斷,這個中心地帶很可能是犯罪人自己生活居住的村莊。這樣,透過重點排查,在DNA技術的協助下,很快就鎖定了內心鎮定、外表不露聲色的28歲犯罪人李某波。而正是犯罪人自己強烈的潛意識防衛心理,無意中暴露出自己的活動軌跡。

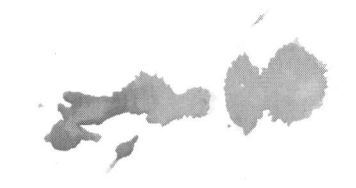

此外，犯罪人平常生活中是心智縝密的，還是衝動魯莽的，在犯罪活動中也會有相應的表現。

犯罪人在人際關係方面是不是具有習慣性的欺騙，也會在犯罪行為與平常生活中趨於一致地表現出來。即犯罪心理痕跡與平常生活行為模式之間存在一定的內在關聯性。

還需要注意的是，一個慣犯，他的犯罪生涯資訊和反偵查知識、技能也肯定會在犯罪行為中自然地流露出來。這就是犯罪生涯資訊。

這就是英國的偵查心理學，稱為五因素模型，其本質就是一種犯罪心理側寫技術；它強調被害人的易感性、犯罪地圖，以及犯罪行為和平常生活之間的關聯性。經過多年的司法檢驗，該模型在偵查案件中還是相當實用且有效的。

在一些國家的司法實踐中，犯罪心理側寫技術對於所有的案件偵查都有輔助作用，對多數的疑難案件有直接的幫助。一般來說，重大的、疑難的案件才動用犯罪心理側寫技術。這些惡性犯罪主要指系列凶殺、強姦、虐童案，儀式性犯罪等，也就是說，病態性、本能性犯罪，比較適合犯罪心理側寫技術的應用。

可見，犯罪心理側寫就是由犯罪行為推斷犯罪心理，然後，從犯罪心理出發尋找具有這種心理特徵的犯罪人。其中，犯罪慣技、犯罪標識，以及證據的關聯是重要的線索。

犯罪心理側寫：描繪犯罪者的心理輪廓

　　對此，特別需要注意的是，雖然當前在北美、歐洲的一些國家中，犯罪心理側寫技術得到了較廣泛的應用，但是，當前的犯罪心理側寫技術，仍然處於科學性與藝術性相結合的程度，還沒有達到成熟的自然科學水準，其中還有心理側寫人員主觀推斷的成分。也就是說，犯罪心理側寫可能出現誤判，它需要結合偵查證據、測謊技術共同來發揮作用。因而，犯罪心理側寫分析的培養策略，也正是富有辦案經驗的警察與精神分析、行為科學訓練的結合。

　　無論如何，在所有的犯罪心理側寫技術應用中，已經總結出一個精髓的理念，那就是：「只有像犯罪人一樣思考，才能深刻地理解犯罪人的心理和行為，才能夠更加有效地打擊犯罪！」

投毒者的心理側寫：
不動聲色的隱密殺手

投毒者的心理側寫：不動聲色的隱密殺手

2020 年 12 月 25 日，某網路公司董事長林某被人投毒身亡的消息一度登上了熱門話題。這次事件中的犯罪嫌疑人許某是什麼樣的人？他具有什麼樣的心態？

2020 年 12 月 17 日，39 歲的某網路公司董事長林某出現了典型的中毒症狀，立即入院治療，而僅僅一週時間之後，這位前程似錦的企業家就因慢性中毒不治身亡。

警方立即展開偵查，很快就發現林某的同事許某有重大作案嫌疑。據媒體報導，許某一共從國外購買了 100 多份慢性毒藥，採用陸續投毒的方式下毒，在案發之前，這些毒藥已經基本上投放完畢。100 多份慢性毒藥啊！大家想像一下，這得投多少次，持續投多久？可見這個犯罪人得有多大的報復性耐心。

這種既隱蔽又歹毒的犯罪，讓人聯想到 1994 年發生在某大學的鉈中毒事件、2019 年的公務員投毒事件，以及 2013 年某大學的研究生投毒事件。

這些投毒犯罪嫌疑人，都有哪些共同之處呢？

從犯罪心理學的角度來說，用毒物害人，基本上都是出於報復洩憤。也就是說，犯罪動機很簡單明瞭，就是報復；犯罪行為發動的心理機制是憤怒——攻擊；實施犯罪的方式是隱蔽攻擊。

首先，投毒犯罪人的報復動機。

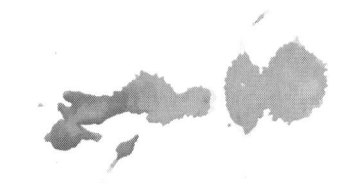

犯罪人為什麼有這麼大的憤怒,非要取人性命不可?因為犯罪人自己真實地感覺到遭受了挫折,有重大的挫敗感。為什麼有重大的挫敗感呢?因為犯罪人自己判斷已經發生或者必然發生重大的利益損害,包括物質利益和精神利益。比如說,李四判斷因為其他同學的競爭排擠,自己的獎學金可能不保,或者發現自己的女友對別的男同學很感興趣。這些,李四都可能感覺到有重大的利益損失。

　　在這次案件中,犯罪嫌疑人許某投毒的原因,和老闆林某對其職位調整導致的減薪有直接的關係。雖然許某的年薪曾有 2,000 萬元之多,但他認為這是自己能力的展現,自己本來應得到更多。正是老闆對職位的調整,讓自己遭受了重大的經濟損失,還有對潛在的名聲和前途的損害。

　　這樣,我們釐清了犯罪人的一個邏輯,這就是利益損害 —— 挫敗感 —— 憤怒 —— 攻擊行為之間的邏輯脈絡。看上去,這好像能很好地理解犯罪人的犯罪動機,但是問題的關鍵在於,為什麼單純的職位調整會產生關於重大利益損害的判斷?為什麼會產生如此極端的仇恨感?以及為什麼行為人絲毫不顧及投毒帶來的危害性?這就和行為人自己的觀念有密切關係了 —— 這就是病態的自我中心,或者說是一種病態的自戀。

　　心理學中將自戀定義為:「誇張、不切實際的自我形象。」

投毒者的心理側寫：不動聲色的隱密殺手

自我欣賞的個人評價很是誇張，又很不切實際。幾個世紀以來，人們一直把它看作一種常態的性格特徵，但是，在某些極端情況下，它也被看成一種嚴重的心理疾病。

作為一種常態下的性格特點，自戀可以分為兩種形式：浮誇型自戀和脆弱型自戀。無論哪種，都是表現為自我欣賞，自我得意而已。比如說，李四就是覺得自己長得特別好看，也特別聰明，比別人都聰明。客觀上講，雖然這種盲目的自戀對他人和自己不會有什麼好處，在多數情況下也不會對周圍的人造成什麼明顯的危害。然而，有一種更為極端的自戀類型，就不一樣了。它被看成是一種嚴重的心理障礙，這就是通常所說的自戀型人格障礙，男性中有1%～2%的人具有這種人格上的嚴重缺陷。

病態自戀者在心理上具體是一種什麼狀態呢？

這種病態的自戀者，在認知與情感上以自我為絕對的中心，自我確立的個人規則可以對抗所有的人，甚至會對抗社會規則。這種自戀就是一種心理疾病，自戀者自我感覺不錯，但是周圍的人卻可能因此要面臨風險。比如說，李四只是一個常態的自戀者，他只是單純覺得自己長得好看。但是，一個變態的自戀者卻會因為別人說自己不好看而憤恨不已，並可能處心積慮找機會報復對方，甚至痛下殺手，這就很可怕、很危險了。

在正常的情況下，這樣的人和大家可以相安無事。但是，只要當他判斷前進的道路上有阻礙時，就會想盡辦法予以清除。因為他的判斷是，別人的過錯在先，妨礙了自己的利益，所以必須維護自己的利益，無論採取什麼方式都是值得的。比如說，病態的自戀者李四把說自己不好看的人都殺了，這樣就沒人說他不好看了，他就維護了自己所謂的「好看」這個精神利益。

　　這種想法、這種觀念，在西方的認知範疇中被稱為馬基維利主義，它的核心要義就是：「只要達到目的，可以不擇手段。」是不是有點像「厚黑學」裡面的觀點？通俗地說就是：「只要你惹上了我，你就死定了！」

　　在情緒情感上，行為人在遭受所謂的挫折時，本質上內心反應很強烈，內心非常痛苦，而且，持續時間會很久，不會自然化解，就像心中的一個傷疤在持續地隱隱作痛。但是，他在表面上的抑制能力卻很好，「言行上不露聲色、情緒很穩定」。這為投毒犯罪提供了良好的心理準備以及掩蔽性，而對受害人的「情感冷漠」，正是投毒犯罪行為的潛在推動力。

　　其次，投毒犯罪人的報復方式。

　　在作案方式上，投毒是一種隱蔽的報復方式。「工於心計、計畫周密」是這類投毒犯罪人的基本心理特質。這一

點,他們在日常行為和犯罪行為中都是一致的:做任何事都很細心,很有計畫性。從毒物的毒性、劑量要求,到獲得管道、投毒方式、投毒次數等,都要事先進行仔細的了解和籌謀。所以,無論是衝動性的投毒,還是連續性的投毒,犯罪人一般都是工於心計、長於部署之人,他們要先計劃好投毒的每一步、每一個環節再去實施,這也導致投毒犯罪的成功率一般都會比較高。

投毒加害和刀光劍影相比,最大的不同在於其隱蔽性和陰險性,表面上行為人和你可能仍然是好朋友、好同事、好伴侶、好兄弟,可是心裡已經詛咒你一百遍一千遍了。比如李四覺得女友已經出軌了,準備報復,背地裡他已經開始陸陸續續地準備毒藥了,但是,表面上他仍然對女友溫柔體貼。這種表裡不一的做法,非常容易麻痺受害者,讓受害者沒有任何察覺,根本意識不到危險的逼近。

這種極端的自私,加之情感冷漠的人格障礙,驅動著投毒犯罪人做事不計後果,不達目的誓不罷休,為達目的不擇手段。這些人格特質都為投毒者痛下決心實施投毒提供了強大的心理基礎。

明明知道毒物會要人性命,卻悄悄地投毒,這不僅是放任毒害後果的發生,本質上也是希望、追求毒害的後果。這種行為也只有內心非常陰狠的人才能做出來。在林某這起案

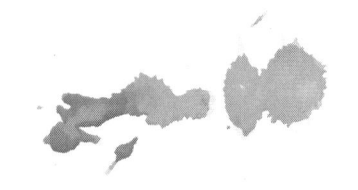

件中，犯罪嫌疑人許某並不是一下就直接毒死對方，而是採用長時間、持續地、慢性下毒的方式，讓對方的生命被一點一點地毒害，他在這一犯罪過程中可以有較長的時間享受對方生命的逐漸衰退帶給自己的心理宣洩感和病態的滿足感。

這種犯罪人，可能對某些危險毒物有一些知識或專長，但是他們並不一定具有多高的智商。只是他們自己有一種自以為是的聰明，覺得自己很獨特，高人一等，在實施謀害時，可以精明算計，可以神不知鬼不覺。其實，事後發現，那更是一種自欺欺人的假象。

這樣看來，投毒者具有以自我為中心的偏執、狹隘的觀念，大多數是自戀型人格障礙者，是以自我為中心的病態自戀者。採取隱蔽投毒的大多數人，實際上原本並不需要面對慘淡的人生，但是，他們卻不敢面對淋漓的鮮血。他們採取以相對間接而隱蔽的方式來加害他人，他們最終也要付出自由和生命的代價。

投毒者的心理側寫：不動聲色的隱密殺手

復仇的自殺者：
同時毀滅他人與自己

復仇的自殺者：同時毀滅他人與自己

2020 年 10 月 19 日，在某市警察局轄區內，李某某連續實施了兩起凶殺案：第一起案件，導致李某某原公司張某某夫婦死亡；第二起案件，導致李某某原公司兩名物業工作人員死亡。這兩起連續發生的凶殺案，造成四人死亡。隨後，施害人李某某自己也跳樓自殺身亡。

這是一起典型的反應性暴力，就是一種由負面情緒引發的暴力，是強烈憤怒的宣洩表達。

犯罪人是滿懷憤恨的復仇者。

犯罪的動機是仇恨：實施犯罪行為就是為了報仇，為了宣洩內心強烈的憤怒——仇恨情緒。

那麼，這種強烈的仇恨是如何演化出來，並快速地升級為暴力動機的呢？

首先，李某某與原公司長期存在著嚴重的矛盾、衝突，這導致他產生了強烈的挫折感和失敗感，感覺自己受到了不公正的待遇，自己的利益受到了重大的損失。這種憤憤不平的感受長時間得不到化解，不斷累積的挫敗感進而變成強烈的怨恨情緒。

其次，在怨恨累積的過程中，行為人會透過自己的努力去爭取利益，挽回自己認為的損失，會不斷地與主管、管理者、具體的辦事人員交涉，但是，往往都是一次次的失敗，這樣多次的努力與失敗反而加重、強化了自己的挫敗感和痛

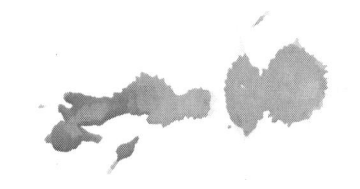

苦的感受，最後導致了一種不可避免的習得性無助：覺得自己永遠也不可能挽回損失（「沉沒的成本」）。而當行為人特別看重這種利益之時，相應地，就會產生自我價值貶低，甚至自我價值的喪失，覺得自己是一個徹底的失敗者，是沒有任何希望的失敗者。如果這時他沒有親情和社會的支持，就可能誘發厭世輕生的衝動。

最後，如果行為人原本心理上就存在著一些人格問題，如偏執性人格或者邊緣性人格，那麼事情的發展就更不可預測了。偏執性人格或者邊緣性人格是兩種常見的人格問題、人格缺陷。偏執性人格者都是以自己為中心，主觀片面地認為本來如何如何，應該如何如何，蠻不講理。而邊緣性人格則表現為衝動性、情緒化的想法和行為。在如此人格缺陷的影響下，他們就會自然而然地把這種失敗完完全全地歸因於外部因素，尤其是他人的故意阻撓、故意損害，認為是他人的人為原因導致了自己利益的重大損失。即使公司或主管人員已作出合理、合法的處置，在他們的內心也難以形成合理的、公正的印象，反而會形成他人是在故意傷害自己的判斷。這種片面的、偏執的外歸因認知模式，加上本來就習慣化的蠻橫、衝動的行為模式，很容易誘發報復行為，以宣洩其內心強烈的怨恨。也即自己毀滅之前，進行針對特定人員的報復，或者擴大性的對社會的報復。從本案的侵害對象和行為特點來看，犯罪人應該完全符合偏執性或邊緣性人格的

復仇的自殺者：同時毀滅他人與自己

特徵，也就是說，主觀狹隘的偏執想法和衝動的行為習慣相結合，共同導致了報復性的凶殺行為和自殺行為。這也是絕大多數復仇型自殺者最終的災難性結果。

換言之，現實中確實有一些危險的少數人，他們本來就存在一些心理問題，往往認知上偏激，行為上衝動。如果和他人存在矛盾，對他人心生怨恨，自己感到生活無望，就容易產生厭世想法，在外歸因的認知模式下遷怒於人、遷恨於人，並報復他人或社會，臨死前找人墊背，以宣洩內心對他人、對社會的不滿。他們是生活中的極端分子、偏激分子，他們一旦作案，危險性很高。

那麼，如何來防範這類人可能帶來的危險呢？

第一，本質上，怨恨的產生都是和個人利益緊密相連，是在人際互動中形成的。一方面我們要秉持平常之心、公平公正之心與人往來，不要有損人利己的想法，這無論對領導者、管理者，還是對普通人，都是一樣的，這樣可以從根源上化解許多衝突和仇恨。

與人為善，心存善念，就是與自己為善，替自己營造平安的環境。一旦出現矛盾，盡量透過合情、合理、合法的方式溝通解決，尤其不要以霸道蠻橫的方式處理，霸道蠻橫的作派、盛氣凌人，可能一時得勢，也可能一時平息事態，但是也從原點上留下了怨恨的隱患，替自己留下了潛在的危

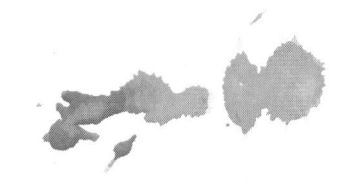

險。這是最基本的一點。

第二，特別留心危險的訊號。

危險的存在往往是漸漸累積的過程。在危險爆發之前，一般總會出現不同程度的訊號。

如果已經發生了多次的衝突，出現了不可調和的態勢，這就是初級的危險訊號。

如果衝突發生了升級，從言語衝突，到肢體衝突，再到威脅的言行，這就是中級程度的危險訊號。而如果出現了明確而具體的言語或行為威脅，尤其是針對自己或者家人健康、生命的威脅舉動，則是最高程度的危險訊號。常言道「言為心聲」，極端而危險的言語說明行為人內心的怨恨、仇恨已經達到了強烈的程度。千萬不要以為那只是說說而已，或僅僅是一般性的恐嚇人的話。

此時，我們就要提醒自己：害人之心不可有，防人之心不可無！因為威脅可能正在快速升級，正在逼近自己和家人。

第三，盡量遠離偏執的、衝動的人，因為他們不可能成為你友好的共事人、合作者，只會給你帶來麻煩甚至危險。如果本來就已經存在衝突或怨恨，在具體的人際互動情境中就可能引發衝突升級或者暴力傷害事件。

我們都知道，爆炸物的爆炸不僅需要炸藥，還需要引爆

復仇的自殺者：同時毀滅他人與自己

炸藥的雷管，以及雷管的觸發器。如果把爆炸物爆炸比作人際暴力傷害，那麼仇恨之心、怨恨的情緒就是炸藥本身，行為人偏執的觀念和衝突的行為習慣是什麼？那就是引爆炸藥的雷管！那麼雷管的觸發器是什麼？那就是人際互動的衝突情景，它是人際暴力傷害的導火線！有時候，我們可以化解人與人之間的怨恨，但是也有可能化解不了；他人的負面人格、習慣性行為特徵，我們也不可能完全掌控。此時，面對潛在的危險，我們能夠主動控制的就是遠離這些偏執的人、衝動的人。因為他就像是一個火藥桶，在激烈的人際衝突情境中，情緒化的言行往往就是引爆火藥桶的一點點火星。在大多數情況下，那時那地也不是解決問題的好時機、好情境，反而只會導致災難的發生。

這就是這個特殊的案件對我們平常的工作、生活的一些啟示吧：偏激的、習慣性衝動的人確實是真實的存在，他們是危險的少數人！

一方面，平日裡要平心靜氣、主動積極地處理、化解人與人之間的矛盾、衝突。另一方面，要留意那些危險的訊號，同時，要及時而果斷地遠離那些偏激、衝動、有暴力傾向的人。

目擊證言的可靠性：
親眼所見未必真實

目擊證言的可靠性：親眼所見未必真實

人們經常說，「耳聽為虛，眼見為實」。也就是說，聽來的消息不一定可靠。

那麼，親眼看見、親身經歷而獲得的資訊就一定真實可靠嗎？

我們先來回顧一起發生在美國西海岸的真實案例。

1991年1月18日，晚上7點左右。

地點是美國加州洛杉磯，城市東南三公里處的一片平民住宅區。

在一棟普通的住宅前，一位父親與五個孩子，一起在房屋前的草坪上遊戲玩耍。突然間，一輛急馳而來的小汽車在離他們四、五公尺的馬路邊停下來，隨即，一把手槍從車窗中伸出來，向這位父親連開兩槍，然後開車加速揚長而去，消失在夜色之中。那位父親當場倒地死亡。

接到報案後，警察火速辦案，在24小時內，就在離案發地三個街區的地方，透過路邊的監控錄影找到了一名17歲的黑人犯罪嫌疑人。但是，當時在他的車內、隨身物品以及住處並沒有發現作案的槍枝等物證。

第三天，那五個在場的孩子作為犯罪現場的目擊證人被叫到警察局辨認犯罪嫌疑人。透過照片辨認，他們一致指認照片上的那個人：「他就是那個開槍殺人的凶手！」在法庭上，犯罪嫌疑人竭力聲稱自己和此事件沒有任何關係，只是

案發當時出現在附近的街區。但是，法官與陪審團成員根據五名目擊證人的證言一致判定犯罪嫌疑人謀殺罪名成立，結果他被判處終身監禁。

這個「犯罪人」在監獄服刑期間不停地申訴。直到 21 年後，一位很有責任心的檢察官在重新審查證據時，覺得證據存在一些疑點。在司法心理學專家的協助下，他重新做了犯罪現場的模擬實驗，並爭取到了一次重審前的聽證會。他們透過許多的視覺心理學和記憶心理規律的論證，證明當年那些證言很可能是五個在場的目擊證人的錯覺或者主觀推斷。儘管他們解釋了視覺切線、光照度等專業術語和動態記憶原理，聽證會上還是沒有人相信他們。最後，司法心理學家近乎懇求地把法官、聽證人員請到了犯罪現場，在大致同樣的條件下（就是北半球冬天晚上 7 點的時候），進行現場實驗。結果顯示，儘管現場有街道的路燈，但實際上根本就看不清楚車裡的人是什麼模樣！

親眼看到這種場景效果後，法官當場決定重審這個案件。在充分的現場證據面前，陪審團一致認為五個孩子當時的證言是不可靠的，法官判決這個「犯罪人」無罪，當庭釋放！當時他已經被監禁了 21 年，已經 38 歲了。因為他的女友在監獄探視時懷了孕，他出獄的時候，他的兒子已經考上了加州大學。

目擊證言的可靠性：親眼所見未必真實

這個人的人生是多麼的悲傷！然而，這都不是五個目擊證人的故意陷害。

1991年的這個案件說明了什麼？

這個案件充分說明了在刑事案件中證言的重要性，以及證人證言的不可靠性。

有人認為，記憶力好的人就不會如此吧。果真如此嗎？

一位美國司法心理學家做過以一個大學生為受試者的實驗，結果發現：記憶力最好的學生在回憶一個5分鐘時長的事件時，有26%的重點細節出現了錯誤，其他學生則有更多的錯誤。

那麼，是不是親眼看見的也未必是真實的呢？

實際上，司法心理學家早已經開始了系統化的證人證言可靠性研究。

例如，美國司法心理學家威爾斯（Wells）早在1998年研究了40起錯案，其中有5人還是死囚，但是，後來根據DNA檢驗消除了他們的犯罪嫌疑。其中有高達36件（90%）的錯案與一個或幾個目擊證人的錯誤辨認有關。

2003年，這位心理學家擴大了調查的樣本，結果有100名罪犯透過DNA檢驗後被證明為無罪，而他們之前被判有罪的證據是什麼呢？有75%以上的「罪犯」是因為目擊證人的錯誤辨認而遭受冤屈的。

在對證言可靠性的基礎研究中,有一個記憶動態變化的經典實驗,能清楚說明問題。

實驗者把一個 5 分鐘時長的故事講述給第一位受試者聽;一星期後,讓第一位受試者把這個故事講述給第二位受試者聽;再過一星期後,由第二位受試者把這個故事講述給第三位受試者聽。如此傳遞下去,故事一直傳遞到第十八位受試者。當第十八位受試者在第十九週來複述這個故事時,故事的資訊只有 50% 左右是最初實驗者講述的故事資訊,而所有講述故事的人都堅持認為,自己是完全按前一講述者的內容來複述的。

就是說,這個故事在傳遞過程中發生了資訊失真,而每一個傳遞者自己並不知曉。

另一個經典的現場模擬記憶實驗,也真切地證明了確實存在著記憶失真的現象。

在某次心理學研討會的會議現場,裡面有 100 多人正在等待開會。在會議即將開始的時候,門外突然一聲槍響,隨即一個白人破門而入,他慌慌張張地跑進會議室,從前門向後門方向奔跑。隨後,一個黑人手裡拿著手槍追了進來,嘴裡還高喊著一些憤怒的話。那個慌張的白人與憤怒的黑人在會場中奔跑著、追趕著,前後只有 10 秒鐘左右,二人隨即都從後門跑出去了。正當大家驚慌失措之時,會議的主持人

目擊證言的可靠性：親眼所見未必真實

告訴大家：「請不要驚慌，這是我們特意安排的一場心理學實驗。請大家把剛才發生事件的細節在紙上記錄下來。」透過和即時的錄影比對發現：報告者回憶事件資訊的真實度只有 68% 左右，也就是說接近三分之一的資訊是虛假的資訊，其中有許多資訊是報告者主觀想像或者猜測的資訊，如行為人眼睛的顏色、衣服特徵、行為持續時間與說話的內容等。但是報告者自己都堅持聲稱：那就是我看到、聽到的真實情況啊！

可見，在這個實驗中，大家都不相信自己記錯了，所以，「不要過於相信自己的眼睛」。

認知心理學的研究顯示：我們在重新喚起記憶資訊時，記憶的內容可能在不知不覺中已經發生了一些變化：人的記憶是重新建構的，是動態變化的。

比如，在回憶時，事件一般會變得更加簡潔；如果其中存在空白的資訊，大腦會自動填充一些資訊，使得事件本身更加完整而豐富；這時，在知識經驗的自動參與下，事件本身會變得更好理解，會更符合記憶者的經驗與預期。

另外，在主觀預期與強烈的情緒的影響下，事件資訊則會發生更大的變化。

情緒對記憶的影響有哪些表現呢？

首先，武器聚集效應（weapon focus effect）。

大家可以想一下，當罪犯持有武器時，目擊證人的注意焦點往往在哪裡？是武器而不是罪犯本人。心理學家洛夫托斯（Loftus）的實驗顯示，透過眼動儀監測目擊證人的眼動，會發現在模擬搶劫事件中，一旦武器出現，目擊證人的注意點就從持槍人的面孔上轉移到了武器上。而罪犯的其他線索，如頭髮、面部特徵等則更有可能是推測出來的。這就是目擊者在恐懼情緒下產生的武器聚焦效應。

其次，目擊證人自身的經驗與思考偏向對記憶也有影響。

美國哈佛大學的一位心理學教授曾做過一個著名的實驗。

實驗材料是一張圖片。圖片上的畫面是，在地鐵車廂裡，一個手拿匕首的人正在搶劫七個人。

參與實驗的受試者觀察這張圖片10秒鐘，一星期之後，受試者要回憶出圖片內容。

實驗結果：白人受試者中，50%～60%的人回答是一個黑人搶劫的情節；而黑人受試者的回答基本準確，那就是一個白人在地鐵上進行搶劫。

雖然實驗的圖片中確有三個黑人，但他們都不是搶劫者，而是被搶劫的對象！

從中可以清楚地看到，社會上的種族歧視及暴力文化對記憶與判斷有著深刻的影響。

這就是種族偏差的影響力──證人固有的種族偏見或者

目擊證言的可靠性：親眼所見未必真實

認知上的刻板印象，會潛在地、強力地影響到記憶的內容。這種偏見會自動加入到記憶內容中，而記憶者人本人並不一定能夠清楚覺察到它的存在。

同時，在面對證人證言時，還有兩點需要特別注意。

第一，證人的自信心程度和準確性之間的相關性很低，也就是說信心滿滿的陳述也未必就是準確的。

第二，證詞的可信度和記憶的生動性之間也沒有太多的關聯。

例如，1988年某天晚上9：30左右，美國華盛頓大學的一名女大學生走在大學校園的林間小路上，突然被一名強悍的男性從背後襲擊。該男性扼住女生的頸部，低聲地威脅道：「不許出聲，否則就殺了你！」隨後就在路旁昏暗的小樹林裡強姦了她。

兩天後，這名女生被叫到警察局，對一名警方懷疑的犯罪嫌疑人進行辨認，當她聽到犯罪嫌疑人說話的聲音時，立刻指認出：「就是他，就算燒成了灰燼，我也聽得出來！」

隨後，這個犯罪嫌疑人被判處11年監禁。但是在8年後的1996年，經過對當年保存下來的被害人身上留存的精斑DNA鑑定，確認了另一人是該案的犯罪人，那個慣犯也如實招認了1988年的那次強姦行為。

顯然，這是一樁冤案。原先認定的罪犯當然是無罪釋放。當他們在律師與心理學家的參與下見面時，那名被冤枉的人憤憤不平地說：「我當時就發誓我沒有做過那壞事，你們就不相信我啊！」

那名女性受害者也同樣是聲淚俱下地說：「我當時是百分之百地確認就是你！我真的不是想陷害你啊！」

可見，記憶是重建的、動態的，有時是不可靠的。尤其是當事人、目擊證人對危急事件的記憶，往往有主觀重建的額外資訊，而當事人自己未必能夠意識到它的準確性。

還有一點很有實用價值。研究者回顧很多司法案件後發現：證人在 10～12 秒時間內提供目擊證詞，準確率可以達到 90%。

看來，目擊證詞並不是思考得越久越準確的。

在經驗上，這稱為第一時間判斷原則。

同時，司法機構的一些做法也會影響到辨認的真實性，這些因素被稱為系統變數。它們包括：

1. 指導語

辦案人員必須明確告知辨認者：「犯罪嫌疑人可能在其中，也可能不在其中。」否則，辨認者可能選出一個「更像是」──而不是「確定就是」的犯罪嫌疑人來。

目擊證言的可靠性：親眼所見未必真實

2. 提問的方式

一般來說，開放式提問有利於證人回憶案件，證言的準確性較好，但是這種提問方式不利於對事件細節的回憶。

需要特別注意的是，兒童不能很好地區分資訊的來源，比如是自己的真實經歷還是其他人告知的資訊。而且，兒童很容易受到成年人的暗示和誘導，尤其在多次詢問和干擾的情況下，緊張害怕的情緒會嚴重影響兒童的記憶，容易造成記憶的混淆。這就是植入性記憶。在兒童遭受性侵害的案件中，植入性記憶出現的可能性較高。而在這些案件中，又往往沒有其他的目擊證人。

而且，年幼的兒童對「是否」這樣的強迫性提問往往有回答「是」的偏好。比如，「那天是不是這個壞人摸了你的小屁屁？」他們多數的回答是「是」。看來，開放式的提問更適合兒童提供證言。

另外，對一些複雜的提問，兒童可能不理解具體的意思。如，「難道你那天不是沒有看到那個壞蛋的臉嗎？」對這樣的提問，大人都不太容易理解，兒童可能更不知所言。他如果隨機回答，就很可能出現虛假的證詞。

從證人證言及對其可靠性的判斷中，我們可以清楚地了解到：人的心理世界並不是物質世界的模板。

也就是說，我們的心理並不是像鏡子那樣能反映我們周圍的環境、所經歷的事件；我們看見的、聽見的和記憶的事件，只是經大腦加工後的主觀印象。

目擊證言也是如此！

目擊證言的可靠性：親眼所見未必真實

溫和偵訊：
心理攻防的策略與較量

由於犯罪行為的社會危害性與應受刑罰懲罰性，很多犯罪嫌疑人在最初的偵訊時都不會主動供述自己的犯罪事實。因而，偵訊人員與犯罪嫌疑人之間存在強烈的心理對抗是偵訊活動中的常態。

如果警察沒有對犯罪嫌疑人產生懷疑並加以嚴厲的審查，絕大多數的犯罪嫌疑人就不會主動供述；只有一小部分犯罪嫌疑人在沒有警察施加心理壓迫的情況下會主動供述；還有更小一部分的犯罪嫌疑人處於不確定的狀態。偵訊心理學正是探索偵訊活動中各種行為的心理依據、心理特點及其對策的應用學科。其中，刑事偵訊策略是該領域的核心內容，這些策略包括認知偵訊策略、情感偵訊策略與情景偵訊策略。

強勢偵訊手法與刑訊逼供的危險

在很長一段時期裡，偵查人員及司法人員審問犯罪嫌疑人、被告人的方法都是很「強硬」的，其明顯特徵就是強迫性，如刑訊逼供。

20世紀以來，雖然許多國家都在法律中禁止刑訊逼供。如「任何人不得以酷刑，或施以殘忍的、不人道的或侮辱性的待遇或刑罰審問」（《世界人權宣言》，1948年）。但是，長

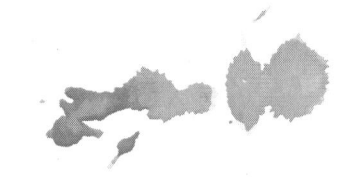

期以來,各國的司法實踐中仍然存在著大量的祕密刑訊和變相刑訊。雖然自 1930、1940 年代強制偵訊開始衰落,但至今刑訊逼供在某些國家的特定司法領域中,以國家安全為由,仍然隱蔽或半隱蔽地存在著。如美國的第三級偵訊手法就是以強制性、祕密性為主要特徵的強硬偵訊法,其常用方法有肉體強制與肉體暴力,孤立、剝奪睡眠與飲食、長時間監禁等。

刑訊逼供具有明顯的負面影響與危害性:是實施刑法與分配正義的直接障礙;鼓勵偵查怠惰,降低警察工作品質;為錯判無辜者製造了機會。因此,它不會帶來案件的真相,透過刑訊逼供獲得的證據在法庭上不具有可採性。

從 20 世紀中期開始,一些國家的偵訊方法已經開始「變軟」,首先表現為刑訊方法由肉體折磨轉向精神折磨。但它仍屬於「強勢偵訊手法」的範疇,因為它仍是透過精神折磨來強迫被偵訊者供述的。

真正意義上的溫和偵訊手法或「溫和偵訊技術」是建立在心理科學和行為分析基礎之上的偵訊方法。其基本模式是在分析犯罪嫌疑人的心理特徵和行為特徵的基礎上,透過語言或其他人體行為來說服犯罪嫌疑人如實供述。最具代表性的溫和偵訊手法是美國的萊德(Reid)偵訊技術,即九步偵訊法。

溫和偵訊手法與強勢偵訊手法的主要區別在於，前者不使用強迫的方法讓犯罪嫌疑人供述，不是「硬逼著」其供述，而是以「軟」的方式說服嫌疑人，使其自願供述。當然，溫和偵訊中，也是存在著心理強迫性的。溫和偵訊以改變犯罪嫌疑人的態度為目的。社會心理學中關於態度改變及說服的理論、方法和技巧，是溫和偵訊手法的理論基礎。

九步偵訊法

美國學者佛瑞德・英博（Fred Inbau）、約翰・萊德（John Reid）和約瑟夫・巴克雷（Josenh Barclay）在對成功的偵訊案例進行深入的觀察並結合偵訊已供犯罪的嫌疑人所獲得的資訊的基礎上，總結創立了九步偵訊法（The Nine Steps of Interrogation，1962），於1986年在三人共同編寫的《刑事偵訊與自白》（*Criminal Interrogation and Confessions*）一書中首次公開提出。九步偵訊法在美國的影響力很大，美國很多警察都受過九步偵訊法方面的培訓。作為美國偵訊科學和測謊技術的先驅，偵訊專家約翰・萊德參與此偵訊技術的研究與推廣應用（建立「萊德聯合學校」，萊德為首任校長，其學生巴克雷為繼任校長），故而，此偵訊法也稱為萊德偵訊法。

「九步偵訊法」是由九部分組成的偵訊流程方法，是一種

克服反抗和供述欺騙的心理控制方法,其目的在於打破抗拒供述的犯罪嫌疑人之心理抵抗,使其如實供述罪行。

九步偵訊法的步驟

1. 提出正式指控

警察直接正面地告知被偵訊人,他已經被視為本案的犯罪嫌疑人。警察陳述犯罪嫌疑人的犯罪事實,並自信地告知犯罪嫌疑人,警方已經獲得對其不利的證據。

2. 展開偵訊主題

偵訊人員根據情感型犯罪嫌疑人與非情感型犯罪嫌疑人各自的特點,推測出其實施犯罪行為的原因:向犯罪嫌疑人提供一個道義上為自己開脫的理由。偵訊人員可以編造一個關於犯罪嫌疑人為什麼會犯罪的故事,透過觀察犯罪嫌疑人的眼神,來推測其犯罪的理由。如果犯罪嫌疑人沒有否認,偵訊人員可將此視為確定犯罪嫌疑人有罪的訊號。

3. 阻止否認

偵訊人員打斷犯罪嫌疑人對自己無罪的重複或詳細說明,打擊其自信心,並回到第二步的道義主題上。

4. 反駁異議

針對犯罪嫌疑人的關於自己為什麼沒有或不能實施犯罪行為的解釋，偵訊人員立即予以駁斥。通常無辜的犯罪嫌疑人會繼續簡單地否認，而有罪的犯罪嫌疑人會感到自己的辯解全然無用，就會變得安靜，表現出對積極參與偵訊的排斥。

5. 獲得犯罪嫌疑人的注意

此時，犯罪嫌疑人灰心喪氣、舉棋不定，他可能在思考、尋找一個辦法來幫助他擺脫困境。偵訊人員利用犯罪嫌疑人的不安全感，裝作和他站在一邊，如身體上的接近、肢體語言的關心，以此來保持犯罪嫌疑人的注意力。

6. 控制犯罪嫌疑人的負面情緒

當犯罪嫌疑人變得沉默不語或表現出只聽不說的時候，或竭力迴避偵訊人員的目光時，偵訊人員應透過加強與犯罪嫌疑人的目光接觸來對付其負面情緒。如果此時犯罪嫌疑人雙手抱頭、肩膀聳動，表示他可能開始從主題編制階段向動機選擇過渡。

7. 提供選擇問題

偵訊人員使用一組選擇性問題，催促犯罪嫌疑人在某個犯罪的「可以接受」和「不能接受」的問題上做出選擇。偵訊

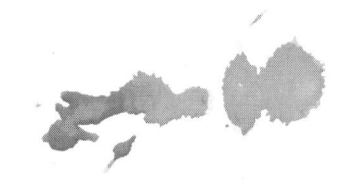

人員提供兩個截然不同的動機——社會可接受的動機（如「一時衝動而犯罪」），或道德敗壞的動機（如「為了錢而殺害了她」）。偵訊人員可以加大兩種動機的反差，以促使其選擇其一。此時，犯罪嫌疑人一旦有點頭或者某種放棄抵抗的訊號，偵訊人員就要加快偵訊的節奏。

8. 查明犯罪細節

偵訊人員及時、順勢讓犯罪嫌疑人講明犯罪行為的細節，包括時間、地點、被害人、凶器和實施的動機等，並努力挖掘各種相關資訊。

9. 製作書面供詞

提供書面供詞，以作（固定）證據。

大多數學者認為九步偵訊是根據成功的偵訊案例進行深入細膩的觀察，並結合其他案例資訊總結而來的，有很強的司法實踐基礎支持，在獲得犯罪嫌疑人口供方面的有效性已經被眾多的偵訊實務人員所證明，因而該偵訊方法是很成熟的。九步偵訊法之所以如此成功，主要是因為恰當地使用了「合理化」和「投射」這兩種心理防禦機制。這使犯罪嫌疑人在偵訊中由於犯罪感和羞愧感增加了自身的內心焦慮，從而容易供述。

九步偵訊法具有應用心理學之心理表現與態度轉換的機理，但也存在著一些不足。如，九步偵訊法本身包括欺騙和

謊言策略。偵訊人員如何掌握心理強迫與欺騙的邊界是該技術的關鍵所在：如果心理威脅的使用不會影響到犯罪嫌疑人的自由意志，那麼此策略就是可接受的。九步偵訊法需要偵訊者有很強的發現嫌疑犯欺騙和說謊的本領；九步偵訊法不給犯罪嫌疑人充分說話的權利，要求犯罪嫌疑人放棄米蘭達規則（Miranda Warning，美國刑事訴訟中犯罪嫌疑人保持沉默的權利）。

認知偵訊法

刑事訊問本質上是犯罪嫌疑人與訊問人員之間的言語互動過程（溝通與說服），其心理機制是犯罪嫌疑人供述心理與訊問人員偵訊（策略）心理的互動。

認知成分是個體態度形成與存在的基礎，是態度的情緒情感成分、行為傾向成分的先導；犯罪嫌疑人對自己實施的犯罪行為的態度是其在偵訊中供述障礙或者供述動機存在的基礎。

要使犯罪嫌疑人認知失調、偵訊策略對犯罪嫌疑人行之有效，需要掌握某些特定的認知成分對轉變態度的作用；需要更加注重促動犯罪嫌疑人如實供述的主動性與意願；需要透過適時增加新的資訊（包括證據與特定背景資訊）促成其供述動機的形成。偵訊實踐中常用的認知偵訊法有以下幾種。

1. 錯覺偵訊法

在偵訊過程中，偵訊人員刻意把犯罪嫌疑人帶入特定的認知失誤，使犯罪嫌疑人處於被動的心理地位。如透過提供一個對犯罪嫌疑人不利的資訊或設定一個對犯罪嫌疑人不利的事件，使其產生錯誤的認知。如此，讓犯罪嫌疑人誤認為，自己的犯罪行為已經暴露，犯罪的證據已經被掌握了，對抗下去已經失去了意義，對抗只會使自己的處境更為不利。

錯覺偵訊法之所以可以發揮效果，是因為真正的犯罪嫌疑人由於自己實施了犯罪行為，心理存在著明確的罪責感（作惡心虛）。錯覺設定的關鍵在於，在對案情充分調查的情況下，合情合理地將假設的資訊「推銷」給犯罪嫌疑人；錯覺資訊的語言運用（表面模糊而實質上有較強的針對性）；用「自言自語」的方法將資訊輸出。如此，可讓「無事生非，無中生有」的錯覺資訊促使犯罪嫌疑人的主觀判斷發生變化：犯罪證據已經被掌握，形勢對自己越來越不利。

錯覺偵訊法的運用技巧有假設資訊的直接告知、偵訊桌上的「空城計」、暗示證據、語言的迷惑性、利害關係的迷惑性、偵訊人員神態的迷惑性、假戲真作順勢而為等。

2. 結果偵訊法

結果偵訊法，指偵訊時跨越設定的前提，直接攻擊犯罪目標和犯罪結果的方法。

溫和偵訊：心理攻防的策略與較量

　　犯罪嫌疑人在初次接受偵訊時，大多數處於被動的心理狀態，由於其對犯罪行為的情景記憶的存在，透過偵訊時提到或呈現的案件刺激，會自動地產生強大的壓力。他們會選擇供述（可能性小）或者選擇對抗（以更加強烈的、隱蔽的方式對抗的可能性大）。而偵訊人員直接提問犯罪的目標或結果，對犯罪嫌疑人的衝擊力最大。此時，根據犯罪嫌疑人對犯罪目標或結果的反應，可以對犯罪嫌疑人的供述準備狀態進行偵查，同時，能夠發現其對抗反應的特徵因素（如遲疑、驚恐、立即否定、反駁或者沉默不語等）。如凶殺案件中，偵訊人員單刀直入地問：「被害人現在在哪裡？你殺人用過的刀放在哪裡？」對貪汙犯罪嫌疑人直接問：「你在銀行裡那麼多的存款是哪裡來的？」對衝動性傷害犯罪嫌疑人直接問：「你覺得你打傷的人現在有沒有死亡的危險？」等。言下之意是，警察機關已經掌握了犯罪行為發生的過程，現在只是對質行為細節與結果。其中，在對犯罪嫌疑人對犯罪結果的反應的判斷中，反應時間是重要的訊號指標：真正的犯罪嫌疑人反應時差比較長（有遲疑與思考後謹慎對答的時間值），無辜的犯罪嫌疑人反應時差比較短（立即回答）。對於那些對抗強烈的犯罪嫌疑人，還可以使用「如果……那麼……」的提問句式來提示其犯罪結果。相應地，對有較大嫌疑的犯罪嫌疑人，偵訊時應該立即對其否定和辯解進行阻

止,並及時地對其犯罪目標、結果進行有針對性的攻擊,增加其心理壓力(使其形成「犯罪事實已經為偵訊人員確鑿掌握」的印象),以促成其向如實供述方向轉化。

3. 動機偵訊法

大多數犯罪嫌疑人(尤其是犯下重罪者)對於與犯罪結果相關的行為過程與細節(作為犯罪事實的構成部分)的防衛非常強烈,當偵訊提及或可能關聯到犯罪行為要素時,一般會或否認或環顧左右而言他或沉默對抗。此時,如果偵訊人員暫時迴避犯罪的細節,而與犯罪嫌疑人探查或解析犯罪背後的原因或動機,犯罪嫌疑人的對抗警覺性、防衛性會顯著降低,因為這也是犯罪嫌疑人需要被人理解而傾訴的需求(雖然傾訴的對象是偵訊人員,但犯罪嫌疑人潛意識也會被緩解緊張的需求所驅使)。法律懲罰的是以犯罪事實、犯罪證據為基礎的犯罪行為,犯罪嫌疑人對犯罪原因、犯罪動機的防衛較弱,有時犯罪原因與犯罪動機是其犯罪合理化的託詞。在這種「前衛防範」嚴密,而「後衛防範」稀鬆的情況下,動機偵訊法是合理的選擇。只要犯罪嫌疑人承認或部分承認了犯罪原因或動機(即使是犯罪合理化的解釋),其心理防衛線就出現了缺口:承認了犯罪原因、動機,就等於承認了犯罪原因、動機驅使下的犯罪行為。當他們「合理地」解釋了犯罪行為的原因,犯罪行為事實的如實供述只是一段時間內內心動

機衝突後的「水到渠成」。期間，一個重要的訊號，就是在解釋犯罪原因、動機之前，或供述行為細節之前的「刑罰後果」探風，或者急切尋求偵訊人員的「法律協助與承諾」，這是犯罪嫌疑人心理上已經準備供述的明確訊號。

4. 合理化偵訊法

合理化偵訊法（策略），是指偵訊人員對犯罪嫌疑人實施犯罪行為的原因予以「合理的接受」，從而向犯罪嫌疑人提供一個可以在道德上為自己開脫的理由，或者（暫時）盡量不去貶低、指責其犯罪行為的道德責任。這種方法所要達到的目的，只是使犯罪嫌疑人感到自己在道德上應負的責任小於基於案件事實本身應負的責任，從而使其在消除或減輕內心道義自責的情況下承認自己的犯罪行為。合理化的過程是偵訊雙方建立一種非評價的、相互信任的關係的過程，以使偵訊人員更容易控制偵訊的過程與發展方向。

合理化偵訊通常採用的方式有：對犯罪嫌疑人表示同情與安慰；降低罪責感；喚起犯罪嫌疑人的自尊。使犯罪嫌疑人把犯罪歸結於更容易在道義上被接受的和不太令人憎惡的動機或原因，如把從保險公司賠款中獲益的縱火犯罪說成是非故意的行為，把強姦歸因於行為人醉酒，把搶劫歸因於養家餬口的需求，把盜竊歸因於生活拮据，把貪汙歸因於賭博等等。只要犯罪嫌疑人承認自己的犯罪行為或把自己與犯

罪現場連繫起來,下一步就可以根據掌握的證據、犯罪嫌疑人前後口供的矛盾,追問、確定其真正的犯罪原因、犯罪動機。

5. 離間偵訊法

離間偵訊法,是指偵查人員利用犯罪嫌疑人之間的矛盾和猜疑心理,挑撥他們之間的關係,造成相互怨恨而揭發犯罪同夥或供認自己罪行的一種訊問方法。

離間法就是挑撥離間,指刻意製造矛盾、爭鬥,以達到使其原有穩定關係破裂、獲得特定利益的方法。大多數的犯罪人都是利己主義者,在個人利益面臨受損或存在風險時,自動地從個人利益出發作出「自我服務歸因偏差」的認知判斷與行為決策,這是偵訊中離間法得以實施的根本基礎。而在自己可能遭受重大利益損失,甚至生命、自由受到威脅時,這種同夥間的關係會變得非常脆弱,衝突也會變得更加激烈,犯罪嫌疑人原本具有的理性分析判斷能力會出現明顯的認知加工阻礙,這是離間法得以發揮作用的認知基礎。這正如經濟學博弈論中的典型模型──「囚徒困境」中所提示的「在不確定情景下非理性決策」的原理。

離間偵訊法在偵訊中有時是克敵致勝的良方,主要在共同犯罪中使用,分化瓦解犯罪嫌疑人的攻守同盟,在犯罪嫌疑人的相互對抗中獲得犯罪的證據或偵查線索。當得知攻守

同盟的一方沒有遵守約定（無論是真實的還是虛構的打破約定）時，犯罪嫌疑人就會產生被出賣的心理認知，此時，可引發報復行為，促使雙方或多方相互檢舉揭發，最後達到查明犯罪事實的目的。甚至有的犯罪嫌疑人在利益的驅使下（如為了立功或減輕罪責），會主動揭發同夥的犯罪行為，此為共同犯罪中重要的偵查線索。當然在這個過程中也要注意判別犯罪人可能提供的虛假資訊。

博弈論模型：囚徒困境

一位富翁在家中被殺，家中財物被盜。警方在此案的偵破過程中，逮捕了兩個犯罪嫌疑人（A 和 B），並從他們的住處搜出被害人家中遺失的財物。但是，他們都矢口否認殺過人，辯稱是在入室偷竊過程中先發現富翁已經被殺害，然後他們只是順手牽羊偷了點東西。於是警方將兩人隔離，分別關在不同的房間進行偵訊，由地方檢察官和每個人單獨談話。

在面對共同盜竊的兩個犯罪嫌疑人時，檢察官說：「由於你們的盜竊罪已有確鑿的證據，所以可以確定地判處你們 1 年有期徒刑。但是，我可以和你們做個交易：如果你們其中一人單獨坦白盜竊的罪行，我只判他 3 個月的監禁，但他的同夥要被判 10 年刑。如果你拒絕坦白，而被同夥檢舉，那麼你就將被判 10 年刑，他只判 3 個月的監禁。但是，如果你們兩人都坦白交代，那麼，你們都會被判 5 年刑。」

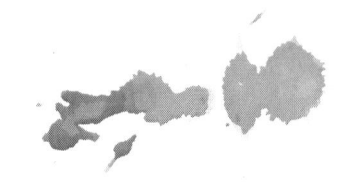

他們面臨著兩難的選擇——坦白或者抵賴。顯然最好的策略是雙方都抵賴，結果是大家都只被判1年。但是由於兩人處於隔離的情況下無法溝通與串供。所以，按照亞當斯密（Adam Smith）的經濟學理論的策略，每一個人都會自動地從利己的目的出發，他們選擇坦白交代是最佳策略。因為坦白交代可以期望得到很短的3個月監禁，但前提是同夥抵賴，這樣顯然要比自己抵賴要坐10年牢好。

如果對方坦白了而自己選擇了抵賴，那自己就得坐10年牢。因此，在這種情況下還是應該選擇坦白交代，即使兩人同時坦白，至多也只判5年，總比判10年要好。所以，兩人合理的選擇是坦白，原本對雙方都有利的策略（抵賴）和結局（被判1年刑）就不會出現。

這樣兩人都選擇坦白的策略（因此被判5年的結局）被稱為「納許均衡」，也叫「非合作均衡」。因為，每一方在選擇策略時都沒有「共謀」（串供），他們只是選擇自認為對自己最有利的策略，而不考慮共同的利益或者任何其他對手的利益。

在偵查訊問中，在發現或者主動製造犯罪嫌疑人之間的矛盾或利益衝突的基礎上，可以巧妙利用各種引發矛盾（心理衝突）的方法來實現此種「納許均衡」：團體犯罪中，犯罪成員為了自己的個人利益，供述出自己掌握的、對自己預期結果相對有利的犯罪資訊。

情感偵訊法

　　情感偵訊法，是利用情緒、情感的力量實現犯罪嫌疑人抗拒態度轉換的策略與方法。其中的策略包括對正面情緒的力量與負面情緒的力量的主動利用。

　　在偵訊過程中，有一些通用的情感策略，如對犯罪嫌疑人基本權利的維護、自尊心的尊重，良心道德感的讚許等方法，對被偵訊者是普遍適用的。否則，對抗的情緒必然導致或者加強偵訊過程中犯罪嫌疑人的對抗、牴觸情緒，這在無形中會強化犯罪嫌疑人供述的障礙。

　　對不同類型的犯罪嫌疑人需要採用不同的情感偵訊策略。對情緒型犯罪嫌疑人，由於焦慮、恐懼、失望、悔恨或內疚等負面情緒強烈而明顯，心理壓力較大，導致交代犯罪事實的顧慮太重，宜採取心理同情和情感感化為主的策略：適當緩解其心理壓力，在其獲得心理安撫的基礎上，透過指明光明道路，促成其供述態度的形成與增強。

　　對理智型犯罪嫌疑人，由於其原有的心理牴觸情緒、對抗傾向強烈，導致持續的抗審動力，宜採取以增加心理壓力為主的情感策略。可以透過明確的刑罰威懾、指明犯罪行為的危害性、與類似案件的對比，加強對犯罪嫌疑人的心理強制性控制，辨析利害關係與利益得失，指明可能的出路，促

成其漸漸改變態度而供述。

因此,適當地增加情緒壓力與減緩情緒壓力是針對具有不同心理態度的犯罪嫌疑人的差異性情感偵訊法。

一般而言,對情緒型犯罪嫌疑人,宜採取減壓策略,在降低其心理防衛壓力的情況下,促使其供述;對理智型犯罪嫌疑人,宜採用以案件個體資訊以及已經確定的證據漸漸或突然增加的策略,攻擊其已經做好的心理防衛,適時地輔之以「減輕、緩解壓力的出路」的方向,逐漸地促進其供述動機的形成。

(1) 自尊喚醒偵訊法

犯罪嫌疑人也有自尊心,許多犯罪嫌疑人的良知尚未泯滅。偵訊人員可以從喚起其自尊心與良知的角度來改變其態度。即雖然犯了罪,但只要老實交代,爭取寬大處理,以後不再犯,那麼還不失為一個可以挽救的人。這一方法首先是激起犯罪嫌疑人的認知,如其行為對社會的危害,為家人帶來的精神痛苦,為自己帶來的經濟與名譽損害,以此增加其心理壓力與罪責感。同時,找到犯罪嫌疑人的「發光點」(如成績與榮譽),使其產生強烈的認知失調。此外,還可以為犯罪嫌疑人減少或消除認知失調指明方向與歷程:講政策、指前途、找出路。讓犯罪嫌疑人認清現實:如何能減輕對社會、對他人的危害,如何不連累家人,執迷不悟將會終身悔恨。

情感策略與方法運用的前提，首先是犯罪嫌疑人處於偵查機關的控制之下，對人身安全有較大的需求；其次是訊問人員對犯罪嫌疑的生活、工作背景、家庭環境有一定的了解，找到其情感弱點，即可供感化的素材。否則，無的放矢的安撫、同情並不能產生明確的正面效果。

情感感化的形式有行動上的感化和言語上的感化。行動上的感化主要是從生活、身體上關心犯罪嫌疑人，包括為抽菸的犯罪嫌疑人點菸、替穿衣薄的犯罪嫌疑人披上衣服等。言語上的感化包括直接感化和間接感化。直接感化指透過讚美（肯定犯罪嫌疑人的成績，如從其加入職場工作至案發客觀上為國家和社會做過貢獻）、換位思考等方式，表示對犯罪嫌疑人的行為予以理解，從而達到感化的效果；間接感化是透過講述類似案件中的犯罪嫌疑人如實供述獲從寬處罰，或者選擇其他表現良好的犯罪嫌疑人宣讀悔過書的方式，現身說法來感化犯罪嫌疑人。

因此，偵查人員在訊問時對犯罪嫌疑人過去的委屈、遭遇，及其精神痛苦表示同情和安慰，可以讓犯罪嫌疑人認同偵查人員了解其苦衷的做法，而最終促成願意供述其犯罪行為。

(2)親情感化法

親情是所有人在生活中自然形成的對家人的親密情感，它對人的態度與行為具有強大的動力作用。在偵訊過程中恰

當地運用親情同樣可以促成犯罪嫌疑人形成供述動機。

犯罪嫌疑人與絕大多數普通人一樣，都不願意傷害自己的親人，也不願意讓親人對自己產生不良的看法。事實上，大多數犯罪行為已經傷害了自己的親人：「你的妻子（丈夫）和孩子知道後會怎麼想？」、「你的孩子會怎麼看待他們的父（母）親？」、「你這麼做怎麼對得起生你養你的父母？」、「事到如今，你還不坦白交代、亡羊補牢，只會連累你的親人。」此時，偵訊員可以向犯罪嫌疑人指出，他所做的事已經傷害了他的親人，甚至連累了他們，犯罪嫌疑人原有的「我是一個熱愛家庭的人」、「我不是無情無義的人」的認知與「我傷害了我的親人」的認知產生了嚴重的失調。偵訊員應該及時地幫助犯罪嫌疑人降低失調，指出「只有勇敢地承認自己的罪行，如實交代，爭取從寬處理，才能彌補為家庭、親人帶來的傷害，才可能得到家人的原諒」。如此，犯罪嫌疑人在親情的感召下就可能改變拒供的態度，形成供述動機並如實供述犯罪事實。

親情偵訊法可以在錯覺法與心理暗示法的支持下得到延伸、擴展：讓犯罪嫌疑人把偵訊人員當成「自己人」，來達到說服對方的目的。有些時候，犯罪嫌疑人在案發後會透過「託關係」、「說情」、「走後門」的方式來開脫罪行。偵訊人員可以利用這種不當的現象，讓犯罪嫌疑人誤認為偵訊人員已經被「疏通」，成了「自己人」，讓犯罪嫌疑人「心中有數」。

具體做法是，偵訊員變換角色，以對方「自己人」的角色出現，讓犯罪嫌疑人相信偵訊人員，願意接受偵訊人員的訊息，以達到說服供述的目的。

情景偵訊法

對犯罪嫌疑人的偵訊，是在特定的場所與特定的氛圍中進行的，主動營造偵訊的環境與情景對於無形中增加犯罪嫌疑人心理壓力與心理強迫性具有「潤物細無聲」、「此時無聲勝有聲」的效果，這正是情景偵訊策略與技術的要義。

(1) 模擬情景偵訊法

所謂模擬情景偵訊，是指透過分析推理，找出相似的犯罪情景進行犯罪過程模擬，在偵訊中再現給犯罪嫌疑人，進行犯罪事實與其心理事實的確認，以形成心理證據。此方法的主要做法是根據偵訊人員已經掌握的部分犯罪情節，加上合理的推理與分析研究，把模擬出的犯罪現場與過程以語言描述的方式再現給犯罪嫌疑人，幫助他將客觀存在的犯罪事實與其內心隱蔽的心理事實進行確認。如此，在犯罪事實與心理事實的對接、比較中，從心理上強制犯罪嫌疑人對犯罪事實與心理事實進行確認，犯罪嫌疑人內心隱蔽的犯罪心理事實就可以暴露出來。

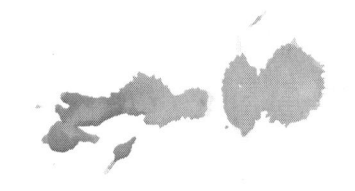

犯罪事實是犯罪行為發生的過程與細節，是客觀存在的，其本身並不能必然地與犯罪行為人連繫起來；犯罪行為人的心理事實來自於行為人的犯罪記憶，也是犯罪人心理證據的來源。偵訊的本質就是在已經存在的犯罪事實與隱蔽的犯罪心理之間確立連繫，形成心理證據。模擬情景偵訊法，是在假定了與該案件高度相似或可能相似的犯罪情景後，審視犯罪嫌疑人的反應（焦慮、緊張或漠然），初步判斷該模擬的犯罪情景與真實犯罪情景之間的關聯度。其中，常常使用的提問或者探查的語句是「假如該案件當時是這樣……發生的，你認為犯罪嫌疑人會怎樣處理（凶器或物品）……」、「如果你當時就在現場，你對被害人會有什麼樣的感想」之類。

　　一些國家的司法機關採取模擬情景偵訊法時，常常藉助犯罪心理側寫、模擬犯罪情節等技術方法，透過犯罪嫌疑人對過程與細節的比較確認，達到偵訊目的。即透過犯罪現場重建技術、行為證據分析技術，逼真或近似地模擬犯罪過程、犯罪細節，形成強大的、直接的心理威懾力，促使犯罪嫌疑人態度的改變。

(2)暗示偵訊法

　　暗示是指用間接、含蓄的方式對別人的心理和行為施加影響；暗示往往會使別人不自覺地按照一定的方式行事，或不加分析地接受一定的意見或信念。暗示是在非對抗條件

下,透過語言符號、表情、行為、環境因素,用間接、含蓄的方式對別人的心理和行為施加影響的心理操作,具有非對抗性、隱蔽性與針對性的特點。

在外部世界的模糊性與內部認知不穩定的壓力下,人們會產生焦慮情緒,並傾向於建立穩定的認知應對策略。認知應對策略有習慣性思考、暗示與理性思考三種方式。在特定條件下,暗示成為個體主動適應外部刺激常用的反應方式。暗示是人類最簡單、最典型的條件反射,是一種被主觀願望肯定的假設,它不一定有事實根據,但由於主觀上已經肯定了它的存在,心理上便趨向於接納這項內容。在偵訊過程中,巧用心理暗示已經成為獲得犯罪嫌疑人真實供述的重要方法。

暗示包括實施暗示與接受暗示兩個方面,兩者相互連繫。偵訊活動中,實施暗示者(偵訊人員)主動地、自覺地、有意識地希望被暗示者(犯罪嫌疑人)按照其指導的方向行動,以達到影響他的態度(如實供述)的目的。而被暗示者(犯罪嫌疑人)接收到訊息後,不是透過分析、判斷而接受,而是無意識地按訊息的指引行事。一般說來,偵訊人員的地位越高,權威性越高,偵訊經驗越豐富,暗示效果就越好;當犯罪嫌疑人處於焦慮、困惑、不知所措的狀態時更容易受到暗示的影響;獨立性不強、情緒型犯罪嫌疑人易受暗示影響;女性與未成年犯罪嫌疑人相對更容易接受暗示。

偵訊中採用的具體暗示方法主要有以下幾種：

暗示用證：用含蓄的語言、故意或不經意地露出已經查獲的實物證據，使犯罪嫌疑人意識到辦案人員已經掌握了證據而不得不交代自己的罪行。於是，犯罪嫌疑人可能急切地思索：「我現在交代，還算不算是主動坦白？」

借勢用勢：透過一定的語言、行為和氣氛，使犯罪嫌疑人形成罪行已經暴露的印象。它是利用犯罪嫌疑人在偵訊這種特定環境與特定心理狀態下所作出的非理性判斷，結合整體氛圍造成的錯覺促使犯罪嫌疑人盡快坦白的方法。處於被羈押的環境中，犯罪嫌疑人總是希望達到某種願望或不希望出現某種結果，而他又不可能知曉自己罪行暴露的程度或偵訊人員已經掌握的證據。

環境造勢：偵訊環境的特意安排，如燈光、物品等布置，也會對犯罪嫌疑人的心理帶來一定的暗示。如偵訊室內昏暗的光線、不穩定的桌椅、桌面上眾多的卷宗，都可能引發犯罪嫌疑人心態的波動不安。美國FBI偵探約翰·道格拉斯（John Douglas）就喜歡在偵訊室的牆上懸掛一些圖，圖的內容是犯罪嫌疑人被定罪後將面臨的具體刑罰。這些無形的壓力，時刻提醒犯罪嫌疑注意自己的切身利益，也即「我就是要盡可能使那種如坐針氈的作用越大越好」。

人員造勢：偵訊團隊的組成，偵訊人員的外表、行事風格、情緒特徵、人格特質，以及具體的行為舉止對於偵訊的

效果具有非常重要的影響力，這種影響力可以是顯性的，也可以是隱性的。也就是說從偵訊人員的選擇以及他們的衣著、舉止、神情、儀態等方面著手，在「無意之中」給犯罪嫌疑人特定的資訊。在已經形成利於偵訊的心理氣氛時，立即選擇一個與案件有著某種關係的環節，逼其說明原因，往往作為一個有力的突破口，有利於查明犯罪原因、動機及犯罪行為的細節。

冷處理法： 這是指突然中斷或延時偵訊的方法。當偵訊不順利或陷入僵局時可用。例如中斷偵訊，擇日再審或拖延偵訊。其原理是基於犯罪嫌疑人與外界資訊隔絕，容易出現錯誤的推斷：「是不是警察機關掌握了我的事情，怎麼不審問我了？是不是警察機關在考驗我？」不斷的煎熬與焦慮會使犯罪嫌疑人按捺不住，往往可帶來偵訊的轉機。這是情景偵訊法在時間設定維度上的具體運用。

偵訊中常見的另一種情勢是，在犯罪嫌疑人即將放棄抵抗的關鍵時刻，可能有些遲疑或想做最後的抗爭，如「讓我想一想，明天回答你們」。此時，必須一鼓作氣，堅持偵訊，直至其放棄抵抗，以防止犯罪嫌疑人經過一段時間的「慎思」（面對犯罪後果）後，或者接受其他犯罪嫌疑人的教唆後，再次採取拖延或者新的對抗策略。

犯罪風險評估與處置：
預知潛在的犯罪者

犯罪風險評估與處置：預知潛在的犯罪者

　　犯罪心理學作為刑事司法領域的應用學科，其目的是打擊犯罪、保障人權，同時，也要為預防犯罪提供切實可靠的策略與技術。犯罪心理預防主要是指及時地預測犯罪風險，發現犯罪徵兆，並進行有效的防範與介入。從犯罪風險防控、減少社會危險性的角度出發，預防犯罪勝於打擊犯罪的策略是當代刑事政策發展的新趨勢。其中，犯罪風險評估就是實現犯罪心理預防實踐中重要的途徑與技術保障。

1. 評估對象

　　評估對象主要是現有的與潛在的犯罪風險者。

　　那麼，誰是犯罪風險者？在監獄服刑的罪犯、在社區的矯正者、刑滿釋放人員、犯罪後未歸案的人員（包括立案的與隱案的犯罪人），以及潛在的可能犯案的人都是犯罪風險者。而風險評估的重點是對監獄服刑罪犯的危險評估。

　　服刑罪犯的風險主要包括：再犯行為、實施攻擊行為、脫逃及準備行為、發生心理疾病、自傷自殺行為、抗拒改造行為等。

2. 如何評估

　　這主要是指犯罪風險評估工具。西方國家對犯罪人或者潛在犯罪人危險專業化評估的研究與實踐起步較早，也累積了較多的經驗以及實效性較強的對策和方案。

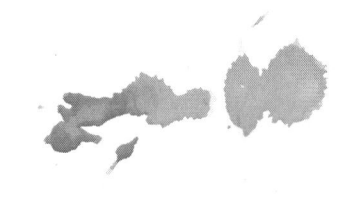

以加拿大、美國為代表的風險評估及其基礎理論經歷了四代演進。

　　第一代：非結構化的臨床判斷。

　　第二代：由靜態因子評估組成的精算風險預測。

　　第三代：靜態與動態風險／需求因子的綜合精算評估。

　　第四代：動靜態因子風險評估與個案管理策略的結合。

　　(1)非結構化的臨床判斷（Clinical Assessment）。

　　這種評估方式屬於主觀經驗型測評，較有代表性的評估工具是 HCR-20（歷史、臨床的風險管理，Historical, Clinical Risk Management-20）。這是一個針對暴力行為的結構化臨床評判的風險評估工具，既可用於患有精神障礙的普通公民，又可用於司法和犯罪監禁中的人。該工具包含 20 個項目：10 個歷史的（過去的）問題、5 個臨床的（最近的）問題以及 5 個風險管理（未來的）問題。

　　HCR-20 工具具有科學性，既有臨床經驗的指導又遵循實證獲得的規律，因此將其應用於各類人（暴力精神病患者、社區和監獄系統中的普通公民和罪犯）中均顯示出良好的預測力。此工具被業界評價為早期「最著名的、基於實證指導的評估工具」。

　　(2)由靜態因子評估組成的精算風險預測（Actuarial Risk Assessment）。

這種評估工具屬於靜態分析測評，較有代表性的評估工具是「精神病態症狀清單」（PCL-R）。

「精神病態症狀清單」（PCL-R）是一個用於指導臨床評估、為精神病態患者的診斷提供框架的工具，它由哈爾（Robert D. Hare）開發，包含 20 個項目，涵蓋人口統計學、犯罪學、社會學和心理學領域。測評分 30 分為臨床診斷值。當行為人為 18 歲以下、分值大於 30 分時就會被評定為精神病態傾向。在全球，PCL-R 被視為「診斷精神病態的黃金標準」。但從嚴格意義上說，「精神病態症狀清單」是為精神病態檢測而設計的，但其在青少年男性及成年男性的暴力再犯評估中卻顯示出良好的預測力，因此，該工具廣泛應用於臨床與司法實踐領域。

（3）靜態與動態風險／需求因子的綜合精算評估（Evidence-based and Dynamic）。

這種評估中較有代表性的評估工具是北美普遍使用的水平評估量表（LSI-R）。

LSI-R 是由 54 個項目組成的用於評估在成人罪犯中普通再犯（General Recidivism）可能性的危險評估量表，其目的在於對罪犯的個體和環境特徵進行評估，以確定罪犯應該接受何種監督和矯治。

組成量表的 54 個項目分布在十個預測因子之下，這些因

子既有動態的也有靜態的，分別是「犯罪史（10分）」、「教育或就業情況（10分）」、「財產狀況（2分）」、「家庭情況（4分）」、「住宿情況（3分）」、「娛樂情況（2分）」、「人際（5分）」、「酒精或毒品（9分）」、「情感問題（5分）」、「態度（4分）」。累加每一個因子的得分，得分越高的罪犯，其再犯可能性越高。LSI-R預測效度從結構效度到內容效度都得到了較好的評價。在LSI-R基礎上修訂後的LS量表成為第四代犯罪風險測評工具的代表。

(4)動靜態因子風險評估與個案管理策略的結合（Case Management System）。

這種評估的代表性工具有犯罪群體再評估量表（OGRS）、罪犯評估系統（OASys）、水平評估／個案管理量表（LS/CMI）與暴力風險量表（VRS），本書簡要介紹前兩者。

犯罪群體再評估量表（The Offender Group Re-conviction Scale，OGRS）是由英國和威爾斯開發的精算類風險評估工具。透過靜態因子（如年齡、性別、犯罪類型及過去判刑數量等因素組成的犯罪史）提供一個預測未來兩年再犯情況的固定分數。犯罪群體再評估量表在英國的監獄體系與社區矯治系統中得到了廣泛的應用，具有較高的實用性。在一般類型犯罪或暴力犯上，信度高的同時效度也相對高，感受性曲

線下的 AUC 值接近 80%（0.8）顯示出較好的預測效度。[01]

罪犯評估系統（The Offender Assessment System，OASys）是一個結構化的臨床評估系統——既依賴於精算的評估方法，又依賴於評估者臨床經驗的解讀，是由英國和威爾斯的監獄和緩刑系統共同合作開發出來的風險需求評估工具，也是英國廣泛使用的評估工具。OASys 主要用於監獄與緩刑的評估，透過對罪犯的檔案、卷宗的查閱以及對服刑人員的當面訪談，獲得綜合的靜態因子與動態風險因子的評估。

可見，犯罪風險評估工具從第一代到第四代的測評效果呈現出信度與效度漸漸提高的趨勢，對司法實踐來說更加精準而實用。

在第四代犯罪風險評估實踐中，重點考查的項目有犯罪的八大風險因子：反社會行為、反社會人格、反社會連繫、反社會認知、家庭與婚姻、學校或工作、休閒或娛樂、物質濫用。其中反社會行為、反社會人格、反社會連繫與反社會認知是犯罪風險的四大核心因子，是實施犯罪風險評估與預防對策的重點方面。

目前，第五代犯罪風險測評工具正在開發之中，其主要是指神經生物心理模型。

它的基本假設是攻擊行為與神經生物心理學基礎之間存

---

[01] AUC（Area Under Curve），指 ROC 曲線（受試者操作特徵曲線）下與座標軸形成面積（數值範圍：0.0～1.0）。AUC 越接近 1.0，檢測得到的真實性越高。

在對應的關係：試圖找到透過精細化神經科學機制以遏制與介入犯罪（尤其是暴力犯罪與性犯罪）的新思路。該模型對罪犯或風險犯罪人的神經心理因素進行評估，能對罪犯未來的攻擊行為做出較準確的預測與有效的介入。

例如，情感運算的危險性評估。

危險性評估技術是犯罪心理學的應用技術之一，情感運算的危險性評估正是尖端的、具有挑戰性的危險評估方法之一。

在紅外線攝影機這類非接觸性的檢測設備前，一個人只要站立10秒鐘左右，檢測就完成了，透過後臺的AI運算，立刻就可以得到被檢測者當時的情緒、情感所反映的資訊。包括這個人的心率、血壓、皮膚電、呼吸頻率、眼動，以及具體的喜怒憂思悲恐驚等基礎情緒，是平靜還是興奮，是緊張還是憤怒，是滿意還是充滿敵意等社會性情緒、情感也一覽無遺。

這項技術實際上是傳統的測謊技術和微表情、微反應評估技術的融合，將即時的面部、身體的生理指標與一個人的情緒、情感反應聯合起來，透過人工智慧運算和大數據的比對，即刻推算出一個人即時性的心理狀態，進而推斷出其對周圍環境的危險程度。隨著資料庫規模的擴大，以及學習機模式的不斷成長，它的準確性也在穩定地提高，為罪犯心態

的及時掌控、犯罪危險性的判斷，以及個性化、針對性的改造方案提供了精準的參考資訊。這樣，只需要對中——高風險的罪犯進行重點管理，對更多的低風險的罪犯只需要日常管理就行了。這對於罪犯在服刑期間的心理健康管理，預防自殺、自殘和心理疾病，以及預防監獄內的再犯有著極大的幫助。

現在，我們就可以大膽地想像一下，隨著這項技術的日益成熟，其精準可控性得到完善，可以預見到在不久的將來，這項情感運算技術運用在公共場合，進行公共安全預警的場景，在機場、大眾運輸，甚至是生活社區中設定特定的安全篩選點，這對於公民、社區居民的安全預警，可以提供快速而準確的安全保證。

當然，這對守法公民而言，可能有洩漏個人隱私的擔憂，但是只要有法可依、嚴格執行資料的安全管理，這部分個人權利的讓渡也是有意義的。然而，對於那些居心叵測的極小部分人而言，無論是現行的犯罪人，還是潛在的壞人，那可是每時每刻、悄無聲息地高懸在頭頂的達摩克利斯之劍！如此，可以及時而精準地進行預警，消除安全隱患。這對絕大多數人來說、對整個社會來說，還是好處更多的。

3. 評估後如何處理

評估後的處理涉及風險管控與矯治策略。

犯罪風險評估出中高風險後，就有必要進行危機介入，

也就是風險管理計畫的啟動。此時，也可以實施心理行為的矯治（矯正）方案。那麼，如何矯治犯罪心理與犯罪行為呢？

介入犯罪心理與犯罪行為的整體原則──RNR原則（循證矯治的基本原則）。

(1)風險原則（Risk Principle）：風險越高，介入強度越大。

(2)需求原則（Need Principle）：並非所有需求都會導向犯罪；評估重點關注會導致犯罪的（動態性）需求。

(3)反應性原則（Responsivity Principle）：實踐證明認知行為法介入效果最好（無論是在監獄機構還是在社區矯治環境中）。

第一，心理動力學的心理矯治。

心理動力學理論根據精神官能症性衝突（本能衝突與強烈的焦慮感、挫折感）、罪惡感或者超我發展的失敗來解釋反社會行為，但作為一種治療方法的古典精神分析，其主要集中在精神官能症性衝突方面，關鍵的因素是治療人員對治療對象過去的調查、移情和治療人員的解釋，並透過治療人員對衝突的解釋、平復工作，獲得頓悟或自我理解。在刑罰環境中，經典精神分析的應用（如釋夢、自由聯想）是較少的，但具有心理動力學取向的方法已經被用於犯罪人的個別治療和集體治療，它常常出現在對於犯罪人深度的認知「諮

詢」上，或者是由專業的心理分析人員進行計畫性較強的心理分析治療，或者更可能是作為其他心理治療較後續階段的強化與鞏固（如作為行為療法最後階段的強化與必要補充）。在犯罪人的對象上，心理動力學的一些矯治方案與技術也更傾向於適用於知識教育背景較好與認知領悟傾向較為明顯的對象。另外，其矯治的效果雖然不是特別直接、明顯化，但是，一旦犯罪人在心理分析技術的引導下領悟到了犯罪的動機、實質與其不可避免的負面後果，其心理及行為矯治的效果均可以是較廣泛而持久的。

第二，行為主義的心理矯治。

行為主義傾向的心理及行為矯治以經典的條件反射與操作性條件反射原理為基礎，以犯罪人的行為為直接目標，期望透過外部行為達到行為與犯罪動機的阻止與犯罪心理的改造。此種傾向的犯罪人矯治，典型而集中地表現於系統行為矯治計畫中的代幣制方案之中。

1960、1970年代，世界各國的矯治機構先後建立了許多形式的代幣制方案。在矯治機構中實行的刺激（條件）—行為—結果相倚的管理方法普遍採用代幣強化法的形式。代幣強化法是一種以行為主義條件反射原理為基礎的行為矯治方法，即以「代幣」為強化物，塑造所需要的行為模式，消除不需要的行為模式。在歐美等其他一些國家和地區，代幣強

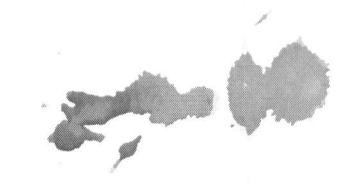

化法被用來矯治犯罪人,其獎品不但有日常生活所需要的物品,還有減少刑期等制度激勵,從而達到培養犯罪人良好行為習慣的目的。

代幣強化法的具體使用步驟如下:

(1)行為分析。對犯罪人的犯罪行為及監獄生活準則進行全面分析,明確應當治療和矯治的不良行為習慣,並將對這些不良行為習慣的治療措施納入監獄生活準則之中,建立一套完備的、能夠矯治犯罪人不良行為習慣的監規紀律。

(2)目標制定。將監規紀律具體化為犯罪人一日之內在吃、穿、住、行等各個方面必須達到的行為目標,使犯罪人在生活的各個環節上都有章可循,有明確的努力目標。

(3)獎勵規則。在確定犯罪人努力的目標之後,應當制定詳細的獎勵規則,使犯罪人了解到其行為表現達到何種程度才能受獎以及受什麼獎勵等,為行為評定確立標準。

(4)行為評定。根據所制定的目標和獎勵規則,對犯罪人每天的行為表現進行評定、記錄,例如,記上分數、標上記號、發給代幣、獎券等。

(5)定期兌現。可以按週、月、季、年等時間間隔,對標明犯罪人改造情況的代幣或分數進行兌現,例如,兌現實物,提供優惠權利(看電視、看電影、聽音樂、散步)、減刑等。

透過強化物的引導與控制，達到對犯罪人的行為及心理的重新塑造的目的。司法實踐中，雖然對其遠期效果存在著不同的看法（包括忽視對犯罪人深度心理的批評與技術上的改進方案等），但是，這種代幣制對於目標行為、犯罪人自我管理、規則服從、改善與教育活動都具有直接的、較明顯的影響力。

第三，人本主義心理學的心理矯治。

雖然不太確定所有的「對犯罪人心理諮商」計畫是否全面貫徹了人本主義原則，但不可否認的是，1980年代以來對犯罪人的「諮商」計畫的確普遍性地展現了人本主義的理念。這些諮商計畫將治療策略集中在意識層面的自我理解（如自我價值、自我潛能與理想目標等），其諮商與治療的重點是當下的問題，是透過對自我選擇的訓練和個人責任感的磨練而促進個人成長。

羅傑斯（Carl Rogers）的個人中心治療法是人本主義心理治療的典型，相似的方法被用於一些較新的療法中，例如現實療法和相互作用分析，它們在美國的犯罪矯治環境中已經得到普及（稱為對犯罪人的人本傾向的心理學服務體系）。現實療法試圖在積極主動的、指導性的治療人員的指導下，發展滿足個人需求的現實主義的和負責任的生活方式，而且，治療人員鼓勵（犯罪人）行為轉變計畫的實施。

第四，認知療法的心理矯治。

認知療法是1960、1970年代在克服精神分析療法與行為療法某些缺陷的基礎上發展起來的心理與行為矯治技術。認知療法主要透過三種途徑改變人們的認知：發現現存的信念與事實之間的矛盾；改變信念的建構系統；對認知加工過程中的不合邏輯之處達到領悟的程度。在罪犯治療中對認知療法的應用，主要是按照認知重建與認知技能訓練這兩種模式進行的。認知重建模式中，認知介入活動的重點是轉變治療對象的信念、價值觀和態度，如合理情緒療法和思考錯誤矯治技術。而認知技能訓練模式中，認知介入活動的重點是改善認知過程，即推理的結果與形式，而不是推理的內容。在探索性地採用道德推理訓練的方案中，借用道德兩難問題或情境，經由治療團體成員與治療對象共同的由淺入深的思索與針鋒相對的對質來提高犯罪人的道德程度，提升犯罪人或潛在犯罪人的道德認知、道德情感、道德意志，以期在人的較高意識層面上對抗、抑制犯罪欲望與犯罪動機。

在美國一些監獄中使用的具有更多的人際取向的方法是相互作用分析技術。這種分析技術通常依靠集體背景，在這種背景中，研究者帶有促使行為之間更健康地相互作用的目的，採納「我行──你也行」的態度對異常行為中的相互作用進行考察。這實際上是行為主義與認知心理學傾向相結合

的認知行為療法。犯罪人在不成熟的發展程度上活動，透過依靠社會「遊戲」迴避真實的問題，而矯正人員期望對這些人進行的集體暴露，可以促成個人的成長與獨立。

第五，探索性的犯罪神經學矯治。

進入1990年代，現代認知理論與神經科學緊密融合，在新的生物技術（以EEG、PET、fMRI為代表）的協助下，重點發展了針對嚴重的暴力犯罪、性犯罪（如戀童癖）、變態犯罪的神經機制的探索，並探索了一些神經治療方案，如正在北美進行的「分流措施」（即對於輕罪的犯罪人，如果其自願參加一項與認知行為法相結合的神經康復訓練後，經過評估，不會再對他人、社會具有風險，則視為刑罰執行完畢）。它與第五代風險評估工具（神經生物心理模型）相配合而發揮作用。對犯罪人的神經治療仍然處於探索階段，並具有一定的犯罪遺傳學、犯罪倫理學的風險。它依賴於人們對違法犯罪機理的全新認知水準及應用技術，不可否認的是，這是一項具有前景的探索。

由此可見，在精神分析、行為主義、人本主義心理學以及現代認知學派的理論指導下，對罪犯進行的心理矯治採取了各不相同的策略與技術：行為主義以代幣制、行為合約為代表；精神分析以探究本能與心理創傷為核心技術歷程；認知療法強調改變犯罪思考模式；人本主義心理學則以開發潛

能（人際技能訓練、幫助適應社會）為導向。而在新神經技術協助下的生物療法則開闢了全新的、具有挑戰性的神經科學治療方案。實踐證明，它們對犯罪心理與行為的矯治、治療發揮了一定的效果，但是也都存在著一些不足。當前，將各種矯治理念與策略綜合性、區別性地應用可能是一種整合性的、合理的方案。

犯罪風險評估與處置：預知潛在的犯罪者

弒母：
潛藏在親情下的
精神病態殺機

弒母：潛藏在親情下的精神病態殺機

2015 年 7 月 10 日，大學三年級學生吳某某經過精心的預謀設計，以極端原始的暴力方式將自己的母親殺害。他在周密處理母親的屍體之後，按既定的設計方案潛逃，三年後，吳某某在某機場被逮捕歸案。

吳某某是一個什麼樣的人呢？可以從以下三個方面來分析一下。

他有著怎樣的內心世界？

他的犯罪動機是什麼？

是什麼原因造就了這個冷血的犯罪者？

這個世界上總有極少數的心理變態者，他們會做出人性泯滅的事情來。

這些極少數人的罪行往往讓絕大多數人感到無比震驚，但是犯罪人自己卻渾然不覺。早在 19 世紀後期，一些臨床精神病學者就描述這些人是「沒有瘋狂症狀的躁狂症」患者，是「悖德狂」，也就是沒有基本道德感的人。後來臨床心理學劃分出「反社會型人格障礙」（ASPD）這一變態心理類別。而且，在這一類別中，還有更為極端的一個子類型——精神病態（psychopathy），他們不是精神病患者，但是具有很像精神病的症狀。

這類特殊的人有兩個方面的典型的核心特徵。

第一，在人際關係方面，在本質上，他們對絕大多數人是很冷漠的，他們的內心是冷酷無情的。但是在表面上，他們偽裝得很好，讓人覺得他們一點也不像壞人。

第二，在行為模式上，他們追求刺激和冒險，這稱為「刺激尋求」傾向，就是冒險刺激的事情對他們有強大的吸引力。相應地，在性情方面，他們的性衝動強烈，性生活不符合常規，較為混亂。

那麼，吳某某是不是這樣的精神病態者？

第一，在從小到大的各方面表現中，吳某某好像並不是情感麻木的人，反而是一個受親友、老師、同學、鄰居喜歡的男孩。但是，從預謀殺害母親的處心積慮、準備殺人分屍工具、暴力殺害母親、冷靜地處理屍體、安裝監控設備，到制定周密的逃跑計畫等方面來看，可以確定無疑地判斷他具有冷酷無情的人格特徵。這樣看來，在高中時期，他冷酷的心態應當是正在累積發展中，或者被母親的強制管教所壓抑，還沒有達到明顯扭曲的階段。但是在大學期間，其冷酷無情的人格特質已經形成，他對大多數人本質上是麻木的，這也是這個看起來高智商的吳某某在大學期間沒有交女朋友的潛在原因。他的偽裝性也很好，所以，案發後，所有認識他的人都不相信他就是弒親凶手！

第二，追求冒險刺激的生活，吳某某在大學期間與性工

作者有深度的交往,甚至還有大張旗鼓的求婚行為;他在逃亡期間主動選擇具有色情色彩的工作,這些舉動顯示他正在極力地追求過上冒險刺激的生活。

這樣看來,吳某某確實很像一個精神病態者,殺害母親是其精神病態的一種表現。實際上,這種人做出任何傷天害理的事情來都是符合他自己的邏輯的:徹底地清除自己生活中的障礙,為自己的欲望而活著就是他唯一的邏輯。因此,可以把吳某某看作一個非典型的反社會型人格障礙者,一個升級版的反社會型人格障礙者。他不僅有嚴重違背道德感的反社會行為,更是一個內心冷血、冷酷無情的極度危險分子。

那麼,具體來說,他殺害母親的直接動機是什麼呢?

吳某某的母親是一個嚴謹而刻板的高中老師,吳某某和其母親之間是什麼樣的關係呢?是一種特殊共生的性情關係。母親把他看作自己的精神財富,是自己向別人展示的、引以為傲的資本,也是自己永遠不會放棄的精神寶貝。而進入大學上學之後,吳某某久久被壓抑的自我意識開始覺醒與膨脹,病態人格逐漸形成。他一方面被迫保持著這種共生關係,比如必須每天保持和母親的通訊聯絡;但另一方面,他又潛在地、極力地排斥這種共生關係。面對自己蠢蠢欲動的性意識和反叛情感,他只有徹底擺脫母親的精神約束才能放

飛自己的病態欲望，否則，無論如何也無法面對有「道德潔癖感」的母親的精神衝擊。也就是說，吳某某偏執地認為，只有透過毀滅的方式，讓母親完全地消失，他才能縱情釋放自己的欲望。而且，他採取了原始的、血腥的暴力方式殺死母親，顯示了他潛意識中對母親強烈的敵意和否定。

2020年12月24日，在第一次法庭審判中，吳某某辯稱自己是為了讓母親解脫而殺害她，並且也做出了所謂認罪的表示。這是犯罪人試圖利用自己的智商和專業知識為自己脫罪的表現。或者說，他這是表面的認罪，是高智商支持下的偽裝行為，以獲得法庭和公眾的同情。具體來說，行為人試圖以虛假的擴大性自殺或憐憫性自殺來為自己減輕罪行。

擴大性自殺是少數憂鬱症患者的病理性舉動，他們會在自殺前將年幼的孩子或需要照顧的老人殺死，以減輕他們的痛苦。如果是擴大性自殺，為何吳某某在實施殺害行為之後沒有自殺的舉動，也沒有自首的意圖？為什麼他事先準備了多張假身分證並精心設計了潛逃計畫？為什麼他還準備了現場監控設備？等等。這些舉動都不能印證其事先有擴大性自殺的任何動機，反而明顯地證明他有預謀地加害，並試圖逃避打擊的強烈意志。

所以說，吳某某殺害母親的犯罪動機，是共生性情關係下的個人性情欲望：是為了擺脫母親的精神約束，是為了徹

底的本能放縱。

順便說一下，吳某某為什麼會在殺害母親半年後用簡訊提示親屬，母親可能遇害了呢？其中一個原因是，犯罪人具有短暫理性恢復的可能，內心也有一些掙扎，他對母親有一種既愛又恨、愛恨交加的矛盾心態，這就是精神分析所謂的「犯罪情結」。那時，在理性中一絲尚存的悔意和罪惡感，促使他有意無意中向家人提示這個罪惡，也是為什麼他選擇在2月14日「情人節」當天傳送這一訊息的緣由。

第三，為什麼犯罪人會形成這樣的病態心理和本能性的犯罪動機？

這種病態心理與本能性犯罪動機的形成中存在著相互影響的兩個方面的因素。

首先，顯性的原因，是青春期危機下母親壓迫式的管教。母親以自己的精神財富為基本定位與目標，嚴厲地驅使兒子取得學業上的成功，以為兒子也在享受「資優生」的表面光環。實質上，吳某某從小學開始，內心就一直承受壓力的累積，但是在強大的壓力下他不能反抗，也無力反抗。而此期間，父親的去世這一強烈的創傷性事件，大大地助長了這種壓迫的負面後果。雖然他在學業上也確實有傲人的成績，表面上也循規蹈矩的，是一個十分聽話的孩子，但在事後來看，這些更可能是一種「精緻的面具」，其人格面具是做給別

人看的。在這一過程中，吳某某所具有的高智商幫助他順利地實現了這種令人稱道的面具展示。

其次，隱性的原因是家族遺傳負因。來自父系家族的不利生物因素是吳某某人格變態的生物基礎，這可以從他近親屬的精神疾患現狀中得到印證：他四個姑姑中有三個姑姑都有不同程度的精神疾病。這樣就可以高機率地推斷，吳某某至少攜帶隱性的遺傳負因。因此，在青春期的壓迫式管教的刺激下，這個遺傳負因成了現實精神疾病的影響因素。

從犯罪行為發生和精神疾病的機理上推測，這種不利的生物因素較可能出現在大腦邊緣系統的杏仁核和前額葉的眶額部。杏仁核的基本功能是產生恐懼體驗，其功能缺陷會導致行為人沒有正常的恐懼感，其本能欲望卻會反向增強；眶額部是人的道德情感中心，其功能缺陷會導致行為人缺乏基本的道德感而冷酷無情。

也就是說，在其家族不利生物因素的基礎上，青春期遭受強烈而持續的壓力導致了精神病態這種特殊子類型的反社會型人格障礙形成。

一般而言，這種精神病態人，其性本能和攻擊本能都很強大，且沒有恐懼感和罪惡感；其智力發展良好而道德感缺乏、冷酷無情，這就共同形成了犯罪人本能性犯罪的強大動力，他們是極度危險的潛在犯罪人。

弒母：潛藏在親情下的精神病態殺機

吳某某就是這樣的人，以「冷酷無情」為核心特質的精神病態是他的人格面貌，性情欲望則是他殺害母親的犯罪動機。

2021年8月26日，法院依法對被告人吳某某故意殺人、詐騙、買賣身分證件案進行一審公開宣判：被告人吳某某犯故意殺人罪、詐騙罪、買賣身分證件罪，數罪併罰，決定執行死刑，褫奪公權終身。

哲學家尼采（Friedrich Nietzsche）說過：人是一根繩索，它聯結動物與天才。

吳某某，就是一個在原始動物與天才之間搖擺的幽靈，是喪失了人性的聰明人，也是沒有瘋狂症狀的「瘋子」，是一個典型的悖德狂。

他就是精神病態導致的本能性犯罪人！

弒妻七宗罪：
嫉妒與病態控制的殺意之源

弒妻七宗罪：嫉妒與病態控制的殺意之源

每年的 10 月 2 日是國際非暴力日。為什麼設立這樣一個特殊的日子？就是要提醒人們共同防範各式各樣的暴力行為。當今世界，每年大約有 50 多萬人死於直接的暴力衝突，平均每天有 1,500 多人因暴力行為而死亡，其中的家庭暴力就是現代社會中持續滴血的傷痛。

2020 年 9 月 14 日，一個帳號暱稱為「黑姑娘拉姆」的美麗女孩，在直播時間被突然闖進家中的前夫唐某拿刀架在脖子上，用汽油潑灑後縱火焚燒，造成全身 90% 面積的燒傷。一個純樸善良的女孩就這樣在悽慘的呻吟中離開了人世！

拉姆與丈夫唐某是青梅竹馬。兩人十七、八歲就相識，在一起生活十多年了，共同育養有兩個兒子。

透過短影音社交平臺，人們認識了這個漂亮純樸的女孩。她的生活很窮困，卻總是帶著笑容，一看就知道是一個非常熱愛生活、陽光正向的人。

然而，她丈夫的脾氣卻越來越差，稍有不如意就對拉姆拳腳相向。拉姆的家人去找唐某理論時，唐某都會當面向拉姆道歉，而每當家人離開後，則又是一頓狠狠的毒打。忍無可忍的拉姆與唐某協議離婚了。之後的家暴還有多次的反覆，而且唐某的暴力行為變本加厲，在第二次復婚之後他們又一次離婚了。

積極生活的拉姆在網路平臺上的短影音越做越好，她的

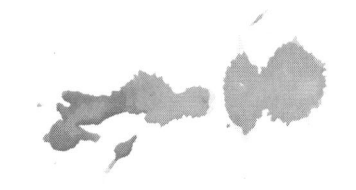

生活彷彿回到了正軌。誰能想到，9月14日上午，唐某帶著一桶汽油和一把刀闖進她的住所，用最暴虐的方式殺害了這個年輕美麗的女孩。

在全球，類似的慘案也不時在上演。

那麼，是什麼力量驅動著殺妻、殺女友的男性犯罪人做出如此惡行？

這種邪惡的力量來自哪裡？

透過對眾多真實案件的分析，可以歸納出以下七個方面的犯罪動機。

1. 嫉妒

在提及殺妻／殺女友動機時，最常見的動機就是嫉妒。嫉妒者是絕望的，他們認為自己即將失去這份美好。對此，嫉妒者的心態是：「我不能得到的，別人也不能得到。」正如殺人者唐某，他之所以這樣做，就是因為嫉妒。在唐某看來，曾經親密的人過得好，在網路上有這麼多的人喜歡拉姆的純樸、善良和美麗，而自己過得不好，自己曾經擁有的也已失去，心裡就有強烈的嫉妒感。

這種殺妻動機，一般由嫉妒開始，不斷升級為強烈的占有欲。這種人常常疑心很重，當他們聽說妻子或伴侶出軌的傳言後，很容易相信這是事實，也很容易快速地將嫉妒轉化為暴力的傷害。

當然，現實中也確實存在婚外情或者三角戀、多角戀關係。當丈夫、男友發現妻子、女友出軌時，尤其是發生了身體出軌時，自然的反應便是勃然大怒，在憤怒的激情作用下，往往也是發生傷害、殺害行為的高風險時間。

2. 病態的控制欲望

這些人把自己的妻子或者女友完全當成自己的私有財產，有絕對占有的意識。這樣，當妻子或女友提出分手時，殺死她們就是唯一的選擇了。

我們回到現實的慘案中，某市殺妻碎屍案犯罪人許某利是不是如此心態？是的，只不過這種病態控制的欲望，加上他具有的冷酷無情的人格特質，導致他不僅在家裡殺害了妻子，而且還花上十多個小時碎屍。

這種病態控制妻子或女友的心態，往往和這類人的反社會人格有密切的關係。他們內心極端地自私自利，加上道德程度極低，使得他們容易作出殘忍的事來。對於這種想透過控制他人獲得滿足感的人來說，謀殺是實現控制的終極手段。透過讓一個人徹底物理性消失，他們實現了對伴侶徹底的控制。

3. 男子氣概塌陷的憤怒

在父權社會裡，有的男性被灌輸了一種男權觀念，即偏執的男子氣概。在特定的帶有負面文化的氛圍中，包括家

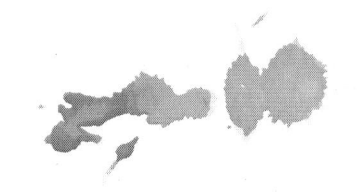

庭、教育、媒體也似乎鼓勵男性有支配的、霸權的氣質，在團體中要有絕對的領導地位，在擇偶中也要「征服女性」。對女性伴侶的謀殺就是他失去男子地位的極端結果。比如說「自己輸給了妻子，沒面子」，「自己沒有本事，沒辦法養活家庭」等，都會對這些男性身分造成強烈的威脅。

2009 年 11 月 23 日的晚上，某市滅門慘案的凶手李某，擦乾身上的血跡，丟下了父母、妻子、妻子的妹妹，以及兩個親生兒子共 6 具冰冷的屍體，踏上逃亡之路。

被逮捕後李某自己供述，主要是因為妻子過於強勢，做生意比自己強，更有本事，也不支持自己做冒險的投資，讓他感到了不能踰越的壓力，甚至被壓抑得無法呼吸，自己也沒有一點點面子。這樣，在多次家庭衝突之後，在憤怒中引發了一次針對全家人的殺戮。

在這種毒性觀念的影響下，男性會感到極大的屈辱和憤怒，讓他們覺得自己「有必要」用極端暴力的方式找回所謂的自尊和權力感。

4. 「失去自我」後的報復

一些男性殺人犯，在親密關係中是軟弱的，女性伴侶是獨立而強大的一方。這些男性感到自己軟弱無能，只有透過伴侶才能感受到自我的價值。而一旦發現伴侶要離開，他們就會感到自己的一部分會隨著她們的離去而垮塌，於是便用

極端的方式確保伴侶不能離開自己。

1993年10月8日,作家顧某殺死了想要離開他的妻子,然後自縊身亡。因為長期以來,妻子已經將丈夫慣成了一個純粹的「巨嬰」,如果妻子離開了,顧某幾乎沒有生活能力,失去妻子就如同失去言語能力和失去自身一樣。在情感背叛的刺激下,他堅決地舉起了殺妻的斧頭,也毀滅了自己。

也就是說,在這樣的殺妻慘案中,殺人者自身的軟弱反而成為控制力的泉源。他們內心的絕望越深,產生的反向攻擊的力量就越強大。最終的謀殺,只不過是完全的軟弱和失敗之後的宣洩,也是一種極端的自我毀滅的表達方式。

5. 擴大性自殺

憂鬱症是一種情感型精神病,其中重度憂鬱症患者中有20%的人會感到生命毫無意義而選擇自殺。而且,有一些憂鬱症患者在自殺前,會想到自殺後自己的配偶、父母、子女可能遭受不幸或者痛苦,為了讓對方免於傷害而殺害對方。這種情況稱為「擴大性自殺」或者「憐憫性自殺」。他們認為,殺死妻子、女友或者需要撫養的子女、需要照顧的老人是為了他們好,是幫助他們解脫,使他們免於日後的痛苦。

可見,擴大性自殺的實施者由於受到重度憂鬱症的影響,出現了病理性的邏輯和判斷,認為終結對方的生命是對待對方最好的方式。

6. 酒精或毒品作用下的衝動性殺人

有的殺妻行為常常發生在家庭衝突升級的情景中，丈夫借酒澆愁，甚至吸食毒品，其行為處於病理的激動狀態中。如果此時，妻子的言語或行為也很憤怒，丈夫就有可能發生狂暴行為，在衝動中殺死對方。這和家庭矛盾的長期累積有密切的關係。所以，許多的殺妻案件中，殺人者都有過長時間的虐待妻子的行為，其殺害行為通常伴隨有酒精或者毒品的作用。一般來說，這種人往往伴隨有邊緣性人格障礙，他們的內心極端地自私自利，平日裡的習慣性行為就很衝動、很殘暴。

7. 妄想性謀殺

這是最為殘忍的，沒有任何理性邏輯的殺妻行為。

有的精神病患者，會伴隨妄想或者幻覺。比如，有一種妄想叫被害妄想，也即堅信妻子已經背叛自己，或者已經被他人控制要加害自己或自己的家人，必須除掉她才能保護好自己或家人，他覺得殺死她並不是什麼罪惡的事，反而是一件合理的事情。

每一起殺妻、殺女友案件的動機都是不完全相同的，但整體而言，對妻子或者女友的凶殺很有可能是多因素共同作用的結果。例如，在妻子選擇離開後，出於嫉妒、男子氣概的考量，雙方衝突升級，最終男性實施極端的暴力殺害，並

且會辯稱妻子出軌或者有其他過錯等,以此來降低自己的罪責感。

其中,強烈的嫉妒感、病態控制的欲望、失去男子地位的恐懼和憤怒是導致殺妻、殺女友的主要動機。

這就是殺妻犯罪中潛藏的七宗罪——七種犯罪動機。那麼,親密關係中暴力行為發生前有哪些危險的徵兆?

在全球,男性殺害女性伴侶的案件數量,大約是女性殺害男性伴侶的六倍。也就是說,絕大多數殺人者都是男性。從某種程度上講,在各種暴力犯罪現象中,親密關係反而成為了最危險的關係。

在殺妻、殺女友的案件中,凶狠的犯罪人各有各的動機,但是,他們也存在著相同或相似的特徵。

正如女孩拉姆被前夫殘忍殺害的案件中,施害者和被害者也基本符合研究者描述的眾多家庭暴力案件中的典型人物特徵。

殺妻者特徵:

大多數是年齡在 35～39 歲的人,即他們比實施非致命暴力行為的男性年齡更大一些。

生活經歷方面,他們在幼年時期多有創傷經歷,例如經歷家庭暴力、目睹家庭暴力等,一般來說是涉及爸爸對媽媽的暴力。

精神狀態方面，他們大多精神不穩定，甚至不正常。例如有精神分裂及妄想症，有憂鬱症等其他精神疾病。

就業方面，他們之中的相當一部分人處於失業狀態，這種狀態更可能引發強烈的挫敗感。

生活方式方面，這種人很可能有長時間的酒精依賴、毒品成癮問題。

被害者特徵：

15～35歲的女性比其他年齡的女性更容易遭到侵害。

在試圖離開伴侶或處於離婚、分居狀態時，面臨的危險較大。

犯罪心理學研究顯示，一大部分的殺人犯在最終殺害伴侶之前，就曾經對伴侶施加過一次或者多次的暴力行為。研究親密關係暴力的專家 J. Campbell 教授曾指出，至少有 70% 的殺人犯在最終殺害伴侶之前，曾經對伴侶施加過親密關係暴力。

據此，有的研究者設計了「危險評估量表」，用來評估已經受到虐待的女性被親密伴侶殺害的危險程度。例如，Campbell 設計的「危險評估量表」（2019）。

某大學醫學部的研究團隊設計出的「危險評估量表」（麻超等，2012 年）。對照得分標準，可以評估自己在親密關係中的危險程度。

此「危險評估量表」包括九個情景性問題，測評的方法很簡單：符合的得一分，不符合的不得分。該量表包括的問題如下。

1. 他威脅要殺你。
2. 你相信他會殺了你。
3. 他控制了你大部分的生活。
4. 對你有暴力行為，並且經常性的有妒忌情緒。
5. 他曾經揚言自殺或者嘗試自殺。
6. 他說過「要離婚就一起死」這樣的話。
7. 他曾威脅要傷害你的家人，以阻止你離開他。
8. 你相信他會在兩個月內傷害你的身體。
9. 在關係不好後，他對你有跟蹤或者監視行為。

得分及對應的危險程度如下。

如果得分低於 3 分，低危險。

得 4～5 分，中等危險。

得分大於等於 6 分，高度危險。

另外，只要伴侶發生過一次具有威脅性的行為（如扼住脖子使人不能呼吸，持刀相向，說出具體的威脅生命的話），那麼，對方就有較大可能處於高度危險的境地。

常見的情況是，女性去意已決，沒有了任何依戀的情感，男方還戀戀不捨。尤其是那些自認為曾經投入了很多時

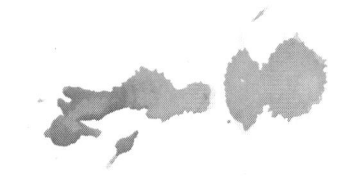

間、精力、金錢的男性。他們認為一旦女方離開，自己的投入便是沉沒成本，無法收回。所以他們會竭盡所能來挽回那些不可承受的損失。他們會偏執地相信，只要他再一次道歉、再一次努力，女方就會回心轉意，就會回到自己的身邊。這時，女方也要明確地表達自己的意思，不要讓對方抱有任何幻想。

暴力傷害爆發的一個敏感時機是，男方突然發現自己的前妻或前女友已經有了心上人。在暴力傷害可能發生的特殊時期，女方做好任何萬全的防範都不過分，尤其是要特別注意自己的人身安全。比如，在家時有家人作伴，外出時有朋友隨同，特別是不要單獨居住，更不要單獨去偏僻的場合見對方。他可能說，我們再見一次面，最後解決我們之間的問題，你以後就徹底地自由了。這往往正是極度危險的訊號。

拉姆案發生後，媒體整理了 285 個殺妻案例。統計結果顯示，只有 6 人被判處了死刑，也就是說，此類案件的死刑率僅僅是 2.1%；而一般故意殺人案中，死刑率是 59.1%。由此可以看出，殺妻者被判處死刑的可能性相較於一般故意殺人犯要低得多。

因為這種家庭暴力案件大多數是由家庭矛盾引發的，而如果殺人者有自首的情節，獲判死刑的可能性是很低的。

從這些現象中，我們發現，只有女性自己注意安全是遠遠不夠的。

現實情況是，那些意識到自己需要離開又開始行動的女性，可能在疏遠、分居、離婚階段就被男性伴侶傷害或者殺害了。

有時，即使女性想向他人或社會組織求助，也可能遭到拒絕，或者難以找到及時有效的資源。因而，殺妻、殺女友的現象應當得到社會更多的重視，並需要有配套的社會機制來保障女性的基本權利 —— 人身安全。

如果女性朋友依據上面提及的這些訊號，判斷自己確實已經處於高度危險狀態，一定要盡快向反家暴相關機構、社工機構求助。雖然這樣可能也無法完全阻止暴力的發生，但是，有專業協助總比沒有協助要好得多。

無論如何，如果生活中出現了這些「高風險」的訊號，請女性朋友務必主動積極地尋求家人、親友及其他專業人士的救助與指導。因為你要面對的不僅僅是情感的破裂，還可能是一個極度凶狠的施暴者。

狂暴的殺人者：
家庭暴力的禍根

狂暴的殺人者：家庭暴力的禍根

1980 年代中期，美國出現了一個臭名昭彰的連續殺人犯。

一個巡邏警察在例行檢查時，偶然地發現一個男子非法持有危險武器，而這意外的拘捕卻牽扯出了數百起殺人案件。更令人震驚的是，在偵訊中，這個犯罪嫌疑人一開始就很不耐煩，隨後他竟然得意地說自己在過去的 20 多年中一共殺害了 360 至 600 人。

因為案件太多，這個犯罪人自己也記不清具體的數字了。他以炫耀的口吻向警方描述了他殺人的一些細節：第一次殺人時他只有 13 歲，他企圖強暴一個 17 歲的少女，少女拚命反抗後被勒死。在和他母親的一次爭吵中，他扼住母親的咽喉，又順手抄起餐桌上的刀，在他母親身上留下了十幾個窟窿，然後強姦了母親的屍體。在美國各地的州際公路上，小到 10 歲，大到七、八十歲的女性，只要是孤身一人的女性和他相遇，幾乎都是難以倖免。

這個人就是美國史上殺人最多的狂魔 —— 亨利·盧卡斯 (Henry Lucas)。

我們知道，當今世界，青少年犯罪和毒品犯罪、環境汙染一起成為全人類的三大公害。在世界各國，青少年階段和成年初期都是犯罪的高峰年齡，其中的因素之一就是青春期危機。在青春期危機中，青少年的早期成長環境與之有著密

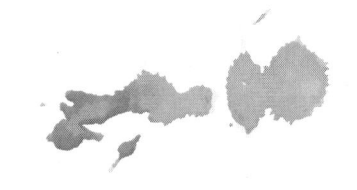

切的關係。

在孩子的成長過程中，家庭教養的環境發揮著重大的作用。如果教育方式不當，就會留下隱患，其中，最為有害、危險的教育方式是溺愛和暴力管教。

那麼，盧卡斯究竟是哪一種情況呢？

讓我們一起來看看他悲慘的童年遭遇。

盧卡斯生活在父母關係緊張甚至對立的家庭，母親酗酒成性，稍有不順心，盧卡斯就是她的出氣筒，是她發洩憤怒的對象。他小時候就經常被母親毒打，他的腦部因此遭受了創傷，甚至有一隻眼睛都被母親打瞎了。

長期遭受虐待使他變得毫無同情心，暴力已經成為他日常生活的一部分。可以說，這種暴力就像老師安排的家庭作業一樣——每天都需要完成。這樣，年幼的盧卡斯就在痛苦的經歷中習得了對待暴力的不當態度，他認為自己不高興的時候，就可以採取暴力的方式解決。比如，他從小就喜歡捕捉小動物，鴿子、小老鼠甚至鄰居家的小貓小狗，然後把牠們活活地折磨致死，甚至他還能從中得到一種替代的滿足，並且樂此不疲，一發不可收拾。在盧卡斯的內心，暴力是這個世界上一種再自然不過的處理問題的方式，甚至還是一種有效控制他人、實現目標的很實用的方法。這樣，他就慢慢地形成了接納暴力、親近暴力的生活態度。從犯罪心理

學的角度來看，他小小年紀就已經形成了明確的親近犯罪的態度。

另一方面，盧卡斯年幼的時候就遭受到如此的痛苦，在經歷了無法逃避的極度恐懼和挫敗感之後，必然會產生憤怒和仇恨，並在內心不斷累積、不斷膨脹，進而很快泛化到對所有人的敵視和仇恨 —— 他以他人為敵。這種負面情緒的累積，進而導致復仇的想法。也就是說，早年承受的強烈而持續的暴力傷害，不僅僅反映在身體上，更會在心靈上留下痛苦和仇恨。在他年幼的心靈中就已經埋下了怨恨甚至仇恨的種子，只是等到青春期的時候生根發芽、開花結果，暴力殺人就是此般邪惡心理的自然果實。

在犯罪心理學上，這被稱為心理傷疤造就的犯罪情結。這種犯罪情結在他的內心難以消除，是一種強大而持久的犯罪動力；其內在動力不消，他的犯罪行為就不可能停止。

同時，盧卡斯除了被暴力包圍，他的家庭生活還充斥著色情的氛圍。

他的母親是酗酒成癮的妓女。她在家裡接客，不但從來不避諱兒子，還經常強迫盧卡斯觀看。這直接導致盧卡斯形成了不正常的性觀念。

「少成若天性，習慣成自然。」盧卡斯想當然地以為所有的性行為都應該像他在家裡經常看到的那樣隨便，所以，當

青春期性喚醒到來的時候,他絲毫不會覺得有任何必要去控制自己的性衝動。那時,有一種想法長期折磨著盧卡斯,為什麼自己的母親可以隨意和任何人發生性關係,而自己卻不行?可見,盧卡斯的犯罪動力是仇恨和性慾望的疊加,是兩種本能欲望共同作用的結果。因此,他的犯罪行為具有了典型的本能犯罪、變態犯罪的特徵。

最後,在母親壓倒性的控制欲的干涉下,盧卡斯和他的女朋友分手了。此時,憤怒的盧卡斯心理徹底崩潰,完全失去了理智,仇恨情緒和性本能衝動完全占據了他的內心,他殺死並強姦了母親。此後,盧卡斯在仇恨宣洩和性本能滿足的強化下,在殺人姦屍這條路上越走越遠。他最喜歡獵殺的目標是公路上汽車拋錨的單身女性,她們孤立無援,毫無反抗之力。每當看到拋錨的車輛,盧卡斯就會停下車,以幫忙的藉口接近受害者,然後用刀子瘋狂刺殺這些女性,最後還強姦她們的屍體。

這種完全相同的作案模式,看上去似乎是一次次的重複謀殺、強姦他的母親。從精神分析的角度來看,這種作案模式是犯罪人替代心理滿足的表現。也就是說,這些被害人成了盧卡斯瘋狂報復母親的替罪羊!

就這樣,仇恨與色情欲望成了盧卡斯持續的犯罪動機,也促成他習慣化的犯罪方式。可以這樣打個比方:盧卡斯童

狂暴的殺人者：家庭暴力的禍根

年時經歷的虐待和痛苦——身體的痛苦和精神上的痛苦，合成的心靈疤痕轉換為狂暴的怒火，就像炸藥一樣的存在。當青春期到來時，尤其是在母親持續的壓力下，盧卡斯被迫和女友分手時，他的怒火就徹底爆發了出來。暴力殺戮也就成了盧卡斯生活中的常態。

由此可見，盧卡斯的心態已經在持續的、強烈的暴力下變得極為扭曲，他變成了一個十足的精神病態者，內心冷酷無情。並且，對他而言，暴力傷害他人是自己的快樂來源，暴力行為已經成為一種自動化的習慣和愛好。在法庭上，盧卡斯留下了那句常人無法想像的辯解：「我喜歡殺人，這很普通，就像很多人喜歡出去散步一樣，我們只是嗜好不同而已。我有這種需求的時候，就上街去隨便找個人來滿足一下。」

這樣看來，盧卡斯如此得意於自己的罪行，這正是家庭暴力和家庭虐待的直接惡果。

我們也可以看到，暴力相向確實不是好的教育方式，無論家長是出於好意的懲戒，還是一時的情緒發洩，都可能造就一個反社會的人。

如果有人曾經不幸遭受過家庭暴力，並且導致了一些心理創傷，此時，他應該如何面對？

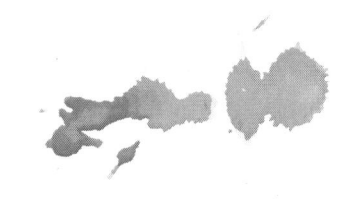

一是，和自己的內心進行真誠、坦然的對話，原諒曾經粗暴相向的父母或其他的施暴者。其實，和憤怒的自己和解，那就是放過自己。也只有這樣，才能不糾結於痛楚的過去，放下怨恨、放下心理的負擔，才能更好地面向陽光生活。

　　二是，找一個合適的機會，和父母一起面對過去的傷痛，面對面、真誠地交流，創造諒解對方或消除誤會的契機；另外，要記住，自己的父母也是第一次為人父母，多感受一下自己成長過程中父母的愛，原諒他們曾經的過失或者過錯。

　　如果，此時，你內心的怒火還是久久不能熄滅，還可以主動和自己的朋友交流，獲得朋友的心理支持，讓自己的心情慢慢地好起來。實踐證明，正向的情感關係是心理療傷的一劑良方。此外，還可以從心理諮商人員那裡獲得更多的專業幫助。

　　無論如何，自己都要選擇，那索性做一個真誠地面對自己、心態健康的人吧。

狂暴的殺人者：家庭暴力的禍根

開膛手傑克：
標準的冷血殺手

開膛手傑克：標準的冷血殺手

誰是「開膛手傑克」？

「開膛手傑克」，Jack the Ripper，是一起連續殺害妓女案件的凶手的虛擬代稱。

此系列案件是指西元1888年8月7日到11月9日期間，在英國倫敦東區的白教堂一帶以殘忍手法連續殺害至少五名妓女的案件。

據說，在警察到現場偵查的同時，一位外科大夫湯瑪斯（Thomas Bond）也參與了對被害人的司法鑑定，並對案件的最後一位受害人進行了屍體解剖。這位外科大夫透過分析該被害人的傷口後得出推斷：犯罪人是「一個外表溫文爾雅、中等年紀、衣著得體，有著相當豐富的外科知識的人」。由於作案模式基本一致，於是辦案人員判斷這五起案件是由同一個犯罪人單獨實施的，並且犯罪的血腥過程滿足了這個犯罪人獨特的心理、情感的需求。而且，在持續的犯案期間，凶手還多次寫信至相關單位挑釁，卻始終未落入法網。也因為其殘忍的犯案手法，又經媒體一再渲染而引起當時社會的恐慌。這一事件似乎成為犯罪心理側寫探索與研究的起點。

如今「開膛手傑克」依然是歐美文化中最惡名昭彰的殺手形象之一。雖然案發距今已達130多年之久，研究該案的書籍等其他材料也日漸增多，但是因缺乏充分肯定的證據，凶手是誰仍然毫無結果，因而使案情更加撲朔迷離、迷霧重

重。可是,「開膛手傑克」的「影」卻透過媒體、搖滾樂、玩具等物品不斷出沒於西方大眾文化之中。

那麼,這個被稱為「開膛手傑克」的犯罪人是一個什麼樣的人呢?

首先,他是一個連環殺手,他在近3個月的時間裡連續地殺死了五名妓女。殺害的對象完全相同:都是半夜上街招攬嫖客的三十多歲的妓女。作案手段相同:沒有使用槍枝,只是以尖刀殺人,每個被害者身上都留下了許多刀傷,有的多達39刀,並且多數有開膛剖肚、取走內臟的邪惡行為。這些現象反映了行為人對特定女性瘋狂的情緒宣洩。

一般來說,每個連環殺手都有一段「冷靜期」,多數為30天左右,而這名殺手的冷靜期短的只有10天左右,這說明了什麼?說明他施害、殺人的欲望非常強烈。

其次,連環殺手有許多類型,「開膛手傑克」屬於哪種類型呢?

他屬於享樂型,或者說他是一個淫樂殺人者。也就是說,這個殺人犯非常享受透過血腥、殘忍手段殺人所帶來的刺激,殺人能夠帶給他一種無比的興奮感和快感,一種類似於性高潮的快感。

在此,大家會聯想到影視作品中的哪個角色?電影《沉默的羔羊》中的心理醫生漢尼拔是不是這種人呢?是的,他

開膛手傑克：標準的冷血殺手

正是這種人。他在殺害被害人前透過對被害人的身體傷害，如毆打、火燒、刀割、性侵害等方式來折磨被害人，以達到性刺激和欲望的盡情釋放。

同時，這種施害人也可能透過精神折磨來實現內心特異的滿足感：對方越是害怕、驚恐、尖叫、難過、痛苦、難堪，施害人就越是興奮、滿足，並沉浸其中，甚至還可能在殺死被害人之後對其屍體進行折磨，以此來達到性滿足。

可見，這種連續殺人犯具備反社會人格障礙和精神病態的人格特徵：他們沒有基本的道德感，並且冷酷無情；他們自以為是，有一種病態的自戀，自認為是世界上獨一無二的人，有特別的權力來操控別人。正如「開膛手傑克」認為自己有絕對的權力來決定這些妓女的生死一樣。

所以，「開膛手傑克」是為了滿足自己的本能欲望而殺人的，淫樂就是他的作案動機。這或許是「開膛手傑克」早期經歷的心理創傷所導致的，也可能是以幻想為主要特徵的精神疾病導致的。在早期的時候，他以暴力的性幻想為滿足性衝動的方式，後來就發展到將暴力的性幻想付諸實施。

正如其他的病態性暴力犯罪人一樣，「開膛手傑克」不用槍枝殺人，因為槍殺會迅速導致死亡，這樣會失去觀察被害人痛苦過程的「樂趣」。

為什麼選擇妓女為殺害對象呢？很顯然，這很可能與這

個殺手的心理創傷有密切的關係。比如，他有一個做妓女的母親；或者在和妓女的交往或交易中，妓女對他造成了極大的精神痛苦；也可能是某個妓女和這個殺手自己的親密關係人的關係，比如和他的家人的關係，讓凶手遭受到了難以承受的精神打擊。起初，他可能只和某個妓女發生衝突，後來才發展到血腥的殺戮。當然，開始也可能只是指向特定的某個妓女，後來才泛化到所有的妓女群體。由此可見，「開膛手傑克」殺人，具有典型的仇恨動機，妓女是他復仇的對象，這可以從他作案時宣洩的、原始暴力的方式看出來。由於這種憤怒感已經演化到精神病態程度，這種復仇就具有了血腥的享樂主義色彩，或者說，凶手是一個典型的施虐狂。

100多年過去了，這個「開膛手傑克」究竟是誰，至今仍然沒有定論。但是，從犯罪心理側寫的角度來說，他至少具有以下三個方面的明確特徵。

第一，「開膛手傑克」是具有一些解剖知識和技能的人。在其中一起案件的現場，湯瑪斯醫生進行屍體檢查，他發現被害人身上的刀口都很乾脆俐落，切割整齊，甚至連內臟也切割得很到位。在半夜燈光昏暗的情況下能做到這點，這說明殺人者本身具備這方面的技能：他或者是外科醫生，或者是屠夫之類的和人的身體或動物的肢體打交道的人。而且，凶手很可能是一個左撇子，這是根據被害人的刀傷大部分在身體右側推斷出來的。

開膛手傑克:標準的冷血殺手

第二,凶手作案時是一個 35～45 歲的中年男子。這是根據作案時需要的體力推斷出來的,更主要是從精神病態的症狀程度推測出來的。從嚴重的心理創傷發展到精神病態一般需要 10 年左右的內心煎熬和痛苦掙扎。如果這個男子在 30 歲左右時和妓女產生了仇恨,當他變成殺人狂的時候,已經是 40 歲左右了。當然,也不能完全排除女性作案的可能,比如因為某個妓女的行為導致她和丈夫的關係破裂,甚至給她帶來了悲慘的命運,這個女人也可能演變為開膛手。如果凶手是女性,她作案時更可能採取背後襲擊的方式。

第三,凶手很可能有偏執型精神疾病的治療史,這可以從他作案之後多次向警方和媒體寫狂妄的挑戰信的行為推斷出來。凶手的社會存在感很低,但是很想引人注目。這樣可推知他是一個患有偏執型精神疾病的人。內心痛苦多年,他極有可能已經養成了酗酒的習慣,他很可能在早期尋求過醫生的治療而留下紀錄。當然,由於較可能居住在貧民區或附近,單獨生活,他也沒有什麼關係密切的親友。他的經濟情況可能不太好,可能只治療一、兩次就中斷了。

由此可見,「開膛手傑克」是一個標準的冷血殺手,是一個殘忍而狂妄的連續殺人犯;其殺人動機是憤怒、仇恨情緒的宣洩與殺戮快感的滿足;其心理特徵是反社會人格障礙與精神病態;其成因與早期心理創傷、人際情感危機有密切的

關係；其冷血、原始本能的作案方式也成為病理性變態犯罪方式的典型樣式。

同時，作為對「開膛手傑克」這個極度危險犯罪人的心理分析和案情演繹，自然地也成為經驗式、邏輯推理的犯罪心理側寫的經典模式。

開膛手傑克：標準的冷血殺手

愛德華大夫：
情慾失序與犯罪本能

愛德華大夫：情慾失序與犯罪本能

經典電影《意亂情迷》(*Spellbound*，又名《愛德華大夫》)是一部以精神分析為主題的早期電影。很多人會以為這部電影講述的是愛德華醫生的故事，實際上，這個醫生在電影中並不是什麼重要的人物，甚至在電影中都沒有真正出現過。

《意亂情迷》是1945年上映的懸疑電影，是懸疑電影大師希區考克(Alfred Hitchcock)的早期作品。為什麼取「意亂情迷」這個名字呢？意亂在何處？又為什麼情迷呢？答案就在電影故事的演繹之中。

本電影講述了一名因為早期受到心理創傷而有嚴重罪惡感的心理病人，在目睹了一場謀殺之後產生了失憶症，並冒充愛德華大夫接任精神病院院長的故事。電影的主線是一名漂亮的女心理醫生與這位英俊的病人相愛的驚險故事。該電影是影史上第一批以精神分析為主題的電影之一，獲得了第十八屆奧斯卡金像獎。電影全程瀰漫著濃郁的精神分析氛圍。電影的看點有：性本能、潛意識、罪惡感和夢的解析。

精神分析是西方現代心理學的流派之一，創立者是奧地利醫生、心理學大師佛洛伊德(Sigmund Freud)，他和導演希區考克都是猶太人，準確地說，這位導演是佛洛伊德的崇拜者。

正如電影的原名一樣，其主題就是意亂情迷。故事的兩位主角一見鍾情，墜入情海後身不由己。這就是精神分析所

說的性本能的力量。它具有強大的能量，在性吸引的作用下，在四目相對的那一刻，就決定了雙方的命運。當然，這同時又引起了大夫同事們的嫉妒感。性的力量是如此強大，以至於當這個女醫生發現這個院長是假冒的時候，也故意隱瞞真相，並冒著幫助殺人犯的風險去治療他的妄想症，幫助他洗清犯罪的嫌疑。這表達的就是性本能，是人的激情，是發自心底的意願和衝動。

這種情愛的力量如此強大，它完全可以對抗人的理性，而讓情感左右人的行為。所以，精神分析的開創者佛洛伊德說：「一切都是性，性是一切事情的原動力。」正如電影中這名女醫生的專業導師直截了當地指出的：「一位女性在戀愛之前，她是一名優秀的精神分析師，而當她戀愛之後，她就是一位純粹的病人。」

這就是情迷的力量。

意亂，也可以說是潛意識的力量。潛意識，也稱無意識，就是人們一時意識不到的心理狀態。儘管人們意識不到，但它對一個人的心理和行為卻發揮著重要的作用。

潛意識正如平靜海平面之下湧動著的力量，雖然看不見，卻深刻地影響著海平面上波濤的大小變化。比如，電影中假冒的愛德華大夫，在他小時候弟弟意外死亡，他就把這種意外看作自己的過錯，因而具有了強烈的罪惡感。雖然這

愛德華大夫：情慾失序與犯罪本能

種罪惡感一直被壓抑著，好像是不存在了，也不會經常出現在自己的意識之中，但它卻是客觀存在的。當他在戰場上受傷的時候，在接受心理治療的時候，在目睹一場針對真正的愛德華醫生的謀殺時，這種本來就存在的相似的罪惡感就被一次次地重新激發。由此也導致了他假冒愛德華大夫的身分來接任新院長的職位，好讓這位院長「仍然活著」。實際上，他仍然不敢面對這種強烈的心理傷痛，而這些心理活動（機制）都發生在潛意識之中。

因為這種持續存在的心理創傷導致人的內心產生不同角色之間的矛盾，這就是佛洛伊德所說的人格衝突——本我、自我和超我之間的衝突。本我，就是原始的我，生物學意義上的我（執行及時快樂的原則）；自我，就是現實的自我（執行現實的原則）；超我，是道德化的自我（執行盡善盡美的原則）。它們三者之間存在的尖銳衝突，並不一定同時出現在清醒的意識之中，但是其矛盾、衝突會在心裡隱隱作痛，忽隱忽現。所以，愛德華大夫會以失憶症、妄想症來間接表達，並以此逃避心中強烈的痛苦。當他看到類似凶殺現場（滑雪場雪道上的條紋形的圖案）的場景時，就會立刻喚醒罪惡感導致的痛苦記憶而突然暈倒。這就是潛意識發揮作用時心靈的自我防禦機制，是為了保護自己的心靈不受到更大的傷害。可見，潛意識的罪惡感是這部電影的另一主題，也是比

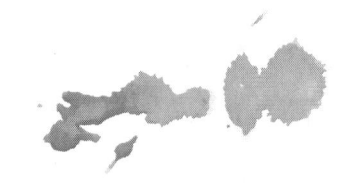

較深刻、隱晦的方面。這就是意亂，是潛意識的力量在興風作浪。

這電影的第三個看點，是對心理疾病的心理治療。電影的女主角是一名心理醫生，她對這名失憶症、妄想症患者的治療採取了經典的精神分析方法──夢的解析。夢的解析也稱釋夢，就是對夢境的象徵性表達，只要找到夢的真實意義，就能化解心理症狀，就能恢復記憶。如夢境中有鬍子的老頭，代表的是真正的愛德華大夫；斜坡代表滑雪的場地；許多人的眼睛代表眾多的監視者；汽車的輪子代表左輪手槍；大鳥的翅膀象徵天使等等。因為精神分析理論堅定地認為：夢是一個人願望的表達，是有真實意義的。但它同時是曲折的、化裝後的表達，以逃過意識的監督。另外，治療的方法還有自由聯想、口誤分析等，這些都被認為是行為人內心世界被壓抑的強烈願望的潛意識流露，都是有真實意義的。正如電影的結尾，真正的謀殺者無意間說出，即將離任的他曾經見過真正的愛德華大夫，從而暴露出其潛在的犯罪動機一樣，就是潛意識心態的流露。雖然這只是無意間的一句口誤，卻洩露了謀殺新任院長的天機。

在這部電影中，性本能、失憶症、潛意識、夢的解析、自我防禦、犯罪情結等這些經典的精神分析觀點在不停地演繹，有些是隱晦的，有些則是直覺形象的呈現。這部電影可

以作為學習精神分析的優秀教材,觀眾可以學到關於精神分析的基本知識。實際上,這些也是關於如何看待人性、看透人心的生活化講解。

正如電影的片頭引用的英國作家莎士比亞(William Shakespeare)的名句:

「所有的過錯責任並不是命運導致的,它完全在於你自己!」

邦迪：
英俊面具下的冷血殺人狂

邦迪：英俊面具下的冷血殺人狂

30多年前，有一部犯罪心理電影，獲得了觀眾的好評，也獲得了多項奧斯卡金像獎，這就是《沉默的羔羊》。它成為描寫犯罪心理最為經典的電影。電影中有扣人心弦、緊張刺激的故事情節，有演員精湛的表演，還有美國聯邦調查局破獲的真實案件作為素材。電影的製作方還請來了當年破案的專家作為電影的學術顧問。

實際上，該電影中的罪犯原型之一就是被稱為「英俊的殺手」的邦迪。

在1970、1980年代，在美國西海岸出現了一個連環殺手，專門獵殺年輕漂亮的白人女性，他就是泰德・邦迪（Ted Bundy）。

這個犯罪人完全顛覆了人們對連環殺手的傳統印象。他外表英俊瀟灑、舉止文雅，很有幽默感，富有學識，精通心理學和法律知識，十分符合女性「完美情人」的標準。

邦迪先後作案30多起，確切犯罪案件的數量不詳：從美國的西海岸，一直到美國中部、南部。他以直接暴力或者誘騙的方式至少殺害了36個白人女性。他的犯罪行為是赤裸裸的本能性犯罪，具體來說，就是性犯罪和血腥的暴力犯罪。

他採取原始方式虐待殺人，只使用利刃和棍棒，從不使用槍枝，而且大多還伴隨強姦、姦屍行為。在被害人中，除了一名12歲大的小女孩外，基本上都是20多歲的白人女性

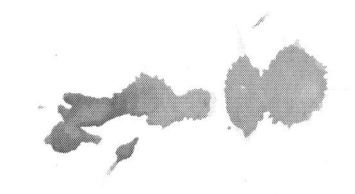

大學生。所以，他也被稱為校園殺手。這些被害人，實質上都是他的第一任女友的替代報復對象。這種獵殺行為是一種象徵性的報復。

此外，這個犯罪人在日常生活中偽裝得很好，這是因為他的天賦，加上他曾經專門在大學中學習過表演藝術，所有認識他的人都不相信他就是那個連環殺手。有人誇張地說，認識他的人寧願相信自己是罪犯，也不會相信他就是那個殘忍的犯罪人。

那麼，這個極具天賦又得到周圍人稱讚的人，為什麼成了一個內心陰險的變態殺人狂呢？

關鍵在於他早期的成長經歷。

邦迪出生於一個單親家庭，家境很普通。母親未婚懷孕，後被男友拋棄，而她的家庭成員都是衛理公會的成員，對未婚生子的宗教禁忌非常在意。在這種特殊的家庭氛圍中，他的外祖父為了避免流言蜚語，也是為了保護小邦迪，就自稱是他的親生父親，讓他的親生母親扮演他的姐姐。

年長的外祖父雖然性格粗暴，但對小邦迪卻是寵愛有加。外祖父對邦迪的教育方式近於溺愛，以至於當年幼的邦迪出現偷竊或者撒謊等品行問題時，他也是聽之任之；邦迪的母親結婚後，又有了新的孩子，精力自然不會全部放在邦迪身上。更主要的是，在母親的心中，有意無意之中，邦迪

成了那個拋棄她的前男友的投射對象,她對邦迪傾注的不可能全部是愛,也潛意識地投射著對前男友的怨恨與憤怒。

雖然從小聰明伶俐,但是,邦迪並沒有建立起對父親、母親應有的安全、依戀和歸屬感,他實際上是在孤獨的環境中長大的。到高中時,他已經變得很沒自信了。他的內心很壓抑,沒有什麼親密的同伴,他甚至懷疑是因為不好的基因而導致自己經常感覺到無聊、悶悶不樂。當有女孩向他表達出喜歡之情的時候,他甚至不相信這是真的,他肯定地以為別人在戲弄他。雖然外表俊朗,但他還是認為自己並沒有什麼值得他人喜歡的地方。

在青春期這個特定時期,一個偶然的事件嚴重地影響了他。有一次,他透過鄰居家的窗戶看見了一位裸體的女性,這讓他興奮不已,同時又有些罪惡感。

這一經歷讓他沉迷於幻想之中,在青春期荷爾蒙的作用下,他沉醉於強烈的性幻想之中。後來發展到,他甚至制定了周密的日常計畫來實施與管理自己的偷窺行為。

而這時候,社會上的色情、暴力雜誌大大地助長了他的性幻想、性衝動。實際上,此時的邦迪已經具有了一定的危險性,只是被「超我」(道德化自我)壓抑著而已。但是壓抑得越久,危險性就越大。也就是說,青春期的自卑和壓抑已經在邦迪的心中埋下了心理變態的種子。

接下來的大學生活裡,邦迪有一個被救贖的機會。他遇上了一個他愛戀的女性,也就是他的第一任女友,一個能夠滿足他性幻想中所有完美標準的女人:高挑性感的身材、優雅的舉止、富裕的家庭。經過他的努力,兩人很快進入了熱戀狀態。然而,好景不長,過了一段時間,不知道什麼原因,女友不那麼喜歡他了。是性格的原因,還是家庭的極力反對?或者兩者都有?反正,他的女友明確地迴避、嫌棄他了。

這讓邦迪一下子又被推下了自卑與挫敗的懸崖。而且,還有更為致命的消息接踵而至,他偶然得知,他原以為的父親,原來是他的外祖父,和他一起生活的姐姐是他的親生母親!他立即想到:我原來早早就是被拋棄的!

從此,邦迪就開始報復他人,開始以他的女友為原型報復年輕漂亮的白人女性。雖然後來他又結交了一個年輕漂亮的女友,但她更像是一個臨時的替代物。邦迪後來又偶遇了他的第一任女友,並千方百計地重新獲得了她的芳心。可是,在剛剛訂立了婚約之後,他卻消失得無影無蹤。因為,在他的心中,對第一任女友只有憤怒,已經沒有了一絲絲原先的愛戀之情。

實際上,辦案警察至今也不知道邦迪第一次殺人是在什麼時候,一共殺害了多少人。他在後期進行的是自殺式的犯

罪。在了解到佛羅里達州有死刑規定後,他就在那裡進行毫無掩飾的犯罪。在被判處極刑之後,邦迪也沒有絲毫的悔罪和恐懼之心,並在上電椅之前和精神病專家進行了長達兩個小時的深入交談。這也可以看出,像邦迪這樣的精神病態者,即使面對死亡,也沒有多少恐懼之心。

從上面的描述,我們看到了連環殺手邦迪的心路歷程:怪誕的家庭關係,假扮的父親、假扮的姐姐,造就了邦迪孤獨的童年;在青春期性激素的作用下,產生壓抑、自卑的極度感受,色情暴力的刺激大大加速了他的變態心理的發展;被愛戀的女友拋棄後,再一次為他帶來了重大的情感創傷,再一次撞擊了他早已經嚴重自卑的傷口。

極端的自卑感和情感挫敗感這兩種心理創傷的相互強化與疊加,釀成了日後的瘋狂殺戮。這與大多數的連環殺手的經歷有著驚人的相似。

至於為什麼在殺害行為之後還有姦屍行為,正如他自己在歸案後供述的那樣:他經常會回到案發現場,躺在被害人屍體旁邊,詳細地回憶殺害的過程和被害人的反抗。這樣,彷彿就可以滿足他對年輕女性絕對的占有欲和控制欲。如此看來,其背後還是極端的自卑與憤怒的心理在作怪!

我們經常說,人是社會性動物。從進化心理學的角度來說,人要生存和發展好,一是靠智力,二是靠社會性的情

感。只有高智商沒有高階情感的人,是不能成為真正意義上的人的。

正如邦迪,他具有超高的智商,能夠輕鬆地獲得兩個大學學位(心理學與法學);還主動協助聯邦警探分析和偵破著名的「綠河殺手」案件;被抓捕之後,能夠在法庭和監獄兩次成功脫逃;在法庭上,能夠運用法律知識和心理學知識為自己辯護,甚至可以侃侃而談,頭頭是道,以至於案件拖延了近十年才得以完結。他在連續犯罪之後,絲毫沒有悔罪之意,不受任何道德感的約束。最後只能淪為一個外表光鮮但內心冷酷無情的精神病態者,成為一個極端危險的殺人狂。

這就是連環殺手邦迪的心路歷程,也是一個人間魔鬼的成長史。邦迪正是具有典型的精神病態、冷酷無情人格特質的變態犯罪人,是極端危險少數人的代表。

邦迪：英俊面具下的冷血殺人狂

貓鼠遊戲:
高智商、高情商的犯罪

貓鼠遊戲：高智商、高情商的犯罪

在真實的貓鼠對抗遊戲中，貓很靈活，老鼠也很機智。

有一部經典電影的名字就取其隱喻——《神鬼交鋒》(*Catch Me If You Can*)。其英文片名的意思是「有本事你就來抓我」，名字很直白，本身就很具有挑戰性。

這部電影根據一個詐騙犯的故事改編而成，講述了一名美國聯邦調查局的警探和一名擅長偽造銀行支票的少年詐騙犯進行的一場場貓抓老鼠般的心理較量。

電影描寫了一名習慣性的、持續性的少年犯罪者。他開始作案時只有16歲，但是作案的膽量和手段一點也不遜色於成年的詐騙慣犯。他膽大心細、機智靈活地進行銀行支票詐騙。在剛剛開始詐騙的一年多時間裡，他就已經騙得100多萬美元，在十幾年的犯罪生涯中，共詐騙獲得了400多萬美元（這可是1960年代的資產價值）。他透過偽造支票、偽造身分以及花言巧語的交際特長，冒充飛行員、醫生、律師，場場詐騙精采呈現，基本上沒有失手。

他作案手段老道熟練，讓經驗豐富的辦案警察一直以為他是一個成年的老詐騙犯。所有的這些操作，讓歐美各大銀行、航空公司以及美國警方頭痛了十幾年。他沒有受到絲毫的懲戒，這也是這個青少年犯罪者持續犯罪、難以收手的主要原因。

相應地，他認為，詐騙並不是什麼見不得人的事，只是

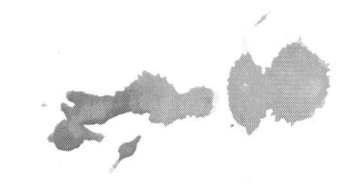

透過自己的聰明才智去獲得自己想要的生活的手段。這在犯罪心理學上稱為偏犯罪的生活態度。

可見，這個罪犯具有典型的反社會人格，而且是具有狂妄特點的反社會人格。

這個少年詐騙犯為什麼如此狂妄呢？

這就是電影的第二看點 —— 高智商犯罪。

這個少年確實是聰明過人，他進行詐欺犯罪之前就是如此。比如，他轉學到新學校的第一天，就假扮成一位代課老師，教訓了在走廊欺負自己的大個子同學，甚至成功地當了一個星期的代課老師，還組織班上同學去實習考察，還親自組織家長會。這對於一個沒有預先計劃的 16 歲少年來說，確實需要過人的膽識與才氣。他小小年紀就發現了銀行支票支付系統中的漏洞。他花言巧語，能說善辯，在各種情景下都能很容易地獲得他人的信任；他成功地扮演各種角色，機智靈活，連專業性很強的飛行員、醫生、律師都不在話下。他還能僅僅靠兩個星期的時間就自學通過美國聯邦律師資格考試；即使在犯罪現場，或者被當場逮捕的情況下，也能機敏地設法從警察眼皮底下逃走。

這些行為不僅需要足智多謀，還要有極強的抗壓性，以及臨危不亂的能力。但是，所有的這些智慧都用在了違反規則、違反法律的行為上，用在了充滿偽裝、精巧表演的犯罪

活動中。這種高超的偽裝性和細膩的行事風格，讓所有和他共事的人都信以為真，一點也不懷疑他是一個假冒的飛行員、假冒的醫生、假冒的銀行職員。

他被當時的媒體讚譽般地稱為「空中的 James Bond」，就是飛行中的英國情報員 007。也正是因為他有著持續成功的犯罪經驗，導致他自鳴得意、狂妄不羈，根本不在意和辦案警察的對抗，甚至敢直接面對辦案警察的挑戰。相應地，他越發具有了強烈的表演欲和控制欲。這是電影原名所表達的犯罪者心態：「有本事你就來抓我！」這正是這種人狂妄心態的真實寫照。

顯然，這位電影主角的道德觀念出了問題，在青少年時期沒有建立起符合社會規則的觀念體系，反而有了一種穩定的偏犯罪態度，即反社會觀念和反社會情感。

低道德性導致他持續詐騙，滿足於過著一種寄生蟲般的生活。但是，他並不是天生的犯罪人，他的犯罪行為看起來並不邪惡。他詐騙銀行、航空公司（並沒有詐騙個人財物），只是為了奪回自己「曾經失去的東西」（比如自尊心、自信心和親情）。所以，他是可以被改造的，在適當的環境下是可以浪子回頭的。

行騙 13 年之後，他被逮捕到案，而且在警察的循循善誘中，他又成功逆襲。他被安排在聯邦調查局的支票反詐騙犯

罪部門工作，利用自己的詐騙專長和經驗，協助維護 500 多家銀行支票系統的安全，為打擊支票詐騙犯罪發揮自己的正向作用。這又演繹了一場浪子回頭金不換的精采後續篇章。

那麼，這個高智商、高情商的年輕人怎麼會成為一個精於詐騙的人呢？

回顧他的成長歷程可以發現，早期家庭的不良教養方式導致了他的人格產生偏差，也順勢造就了他後續的行為。具體而言，至少有以下三個方面的誘因。

一是，在家庭面臨經濟壓力的時候，他的父親送給他一個空白的銀行帳戶作為 16 歲的生日禮物，並告訴他：「銀行就是你的財富保險箱」。這算是一個財富的誘惑刺激。

二是，在父親的言傳身教下，他很快習得了巧言令色、花言巧語、小恩小惠的交際風格，他相信這是取得他人信任、實現自己目的的捷徑；他母親用「金錢來彌補、掩蓋自己情感出軌」的做法也教會了他偽裝技能。

三是，當看到父母關係緊張的時候，他的內心強烈地想透過獲得非法的、意外的財富來恢復曾經溫暖的家庭生活（起初的動機是善意的、簡單的）。

如此這般，在青春期危機的當口，他的聰明才智就自然地用到了詐騙、偽造票據的行為上。起初的違法犯罪沒有得到父母及時、堅決的制止，也沒有得到法律的懲戒，以至於

他在犯罪的道路上越走越遠。雖然後期他有所悔悟，但是，在習慣性行為的驅使下，還是難以自覺地回頭。

這就是《神鬼交鋒》中所描寫的反社會人格犯罪者——法蘭克・艾巴內爾（Frank Abagnale），一個真實的詐騙犯的犯罪過程和浪子回頭的故事。

雖然他與精神病態者同樣具有反社會性、反社會觀念、反社會情感和反社會行為，並且犯罪風險性很高。但是，他的內心並不邪惡。比如，他和他所愛的人的交往是真誠的、負責的，他對父母的愛也是真摯的。他內心雖然很孤獨，性格很反叛，但是他仍然保存著基本的道德感和良心，他是可能被改造、重回正道的。

這是由於錯誤的教養方式導致的反社會人格者與天性邪惡的反社會者的顯著差異，也與反社會人格的升級版本——精神病態者有著本質的區別。即他有確定的反社會性，但無邪惡的內心！

窺探：
潛藏於病態人格的極致危機

窺探：潛藏於病態人格的極致危機

2021 年，韓國懸疑電視劇《Mouse》，一開播就衝到了日播榜的冠軍。大多數觀眾關注的是對劇情的解析，大家更多地在推斷、猜測凶手究竟是誰。那麼，我們現在就從犯罪心理學的角度來剖析這部電視劇中的犯罪者。

電視劇的開頭直接切入變態主題，有殺人全過程的細膩刻劃，血腥而殘忍。

此電視劇改編自 2017 年發生在韓國仁川的一起女童分屍案。

犯罪者，竟是一名患有嚴重精神疾病的 17 歲少女。

在偵訊中，她被問到最痛苦的事情是什麼。

這個女孩若無其事地回答道：「天氣那麼好，我卻無法去看櫻花，這令我感到十分痛苦。」可見，她對自己犯下的罪行沒有一丁點的懺悔，也沒有絲毫的罪惡感。

這名犯罪少女如此這般的回答讓民眾感到震驚。但是究其原因，神經犯罪學家則認為，她很可能是缺少了一種「鏡像神經元」。「鏡像神經元」的功能主要是反映他人的行為、迅速理解他人的意圖、體會他人的情感等，它被認為是在進化過程中人類脫離猿類而走向更高文明人科人種的生物學基礎之一。「她無法感知、體會到他人的痛苦，這注定她從出生時就和平常人不一樣。」因而，她最終成了一個極度危險的病態人格者。

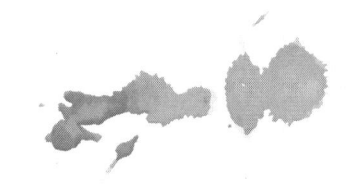

這種情況也很類似於《PSYCHO-PASS 心靈判官》、《關鍵報告》(*Minority Report*)中的劇情，它們都涉及大家關心的三個核心問題：有沒有犯罪基因？危險的基因會遺傳嗎？在現實中對這些天生具有高度危險性的人進行預先監管、打擊的可能性如何？

電視劇《*Mouse*》的劇名，原意是指科學實驗中常用的對象──老鼠，或者隱喻老鼠身上天然帶有的致命病毒！電視劇中的殺人者具有高偽裝性，甚至氣質儒雅，富有學識，但是其內心卻冷若冰霜，缺乏基本的人性。

那麼，在現實生活中有沒有這種真實的病態人格者？答案是肯定的，肯定有！

當然，他們可能具備的這種作惡的潛質，未必都會導致他們成為現實的犯罪者，因為只有一部分的病態人格者會去實施犯罪行為，尤其是暴力犯罪以及性侵害。具體地說，你可能有一、兩次會想像去傷害一個人，而某個人可能已經在心裡精心地設想好幾百次了，那麼這個人就是病態人格者，是一個暴力犯罪的病態人格者。他們平常就可能是一個性情暴躁的人，全身上下、從內向外都透露、瀰漫著一股戾氣，像一個火藥桶一樣，是一點就會炸的人。同時，他們也可能是精心策劃的掠奪者、捕食者，以傷害他人為樂的邪惡之人。

窺探：潛藏於病態人格的極致危機

我們從科學的角度來分析，這種說法有什麼依據嗎？神經犯罪學的實證研究已經清楚地證明，有的人天生就具有這種潛在犯罪的危險性。

一方面，他們是那種腦功能發育不良、有病理缺陷的人。前文提到的那個17歲的少女就是這種情況。因為缺乏「鏡像神經元」，缺失理解他人意圖、體會別人情感的神經功能，這種人更可能進行掠奪性犯罪或者血腥的暴力傷害，從中得到一種病態的欣快感。也就是說，她從傷害別人的過程中能夠體會到一種無比的欣快感，像是一種自我獎勵的行為。這樣，即使面對和她沒有任何仇恨的人，她也完全可以以血腥的方式傷害對方。這些缺陷就是病態人格的生物基礎。大家在看電視劇《Mouse》時，可以對照一下，那個反派是不是都全部具備了這些險惡的特徵。

另一方面的證據指向犯罪基因。這個概念實際上是新聞媒體的發明，學術上的概念是戰鬥者基因（Warrior Gene），這是透過遺傳而來的一種生物酶單胺氧化酶A（MAO-A）的相對缺乏，它會使一個人更多地表現出蠻橫霸道的性格特點。這種基因缺陷在1990年代就發現了，它的攻擊特性在老鼠等動物實驗中得到驗證，也在習慣性犯罪群體的檢測中被發現，還在特定的原始族群中得到了印證。

我們再來看一個案例。

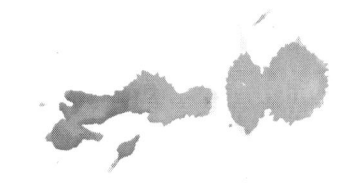

1966 年 7 月 13 日晚上，理查·史派克（Richard Speck）在美國芝加哥製造了一起轟動性的凶殺案──一夜之間，他在護士學生宿舍殘忍地殺害了 8 個護士。受害人的肢體被匕首深深地刺了數十刀；其中兩個最漂亮的護士生前曾遭到強姦，還有多個人的內臟被挖走！

這個惡魔很快被逮捕了，醫學專家全面檢查他的身體時，發現了一個驚天祕密：理查·史派克的極端凶殘行為竟是源於他比正常人多了一條 Y 染色體！醫學上把這叫做 XYY 症候群。因為正常人的體內都是 46 條染色體，而他又多了一條具有男性特徵的 Y 染色體，這導致他的攻擊性更強，從而成了最具暴力的「超級男性」或「超雄」。後續的調查發現，在普通人中，每 1,000 個男性中僅有一人具有兩條 Y 染色體；在一些犯罪人中，這個比率高出 5 倍；在暴力犯罪人中，這個比率甚至會高出 20 倍。由此可見，與基因密切關聯的染色體異常對越軌、暴力行為有明顯的驅動作用。

當然，還有其他的一些神經學證據。比如，天生低安靜心率者攻擊性程度較高、注意力不足過動症者演變為犯罪者的風險較高，雄性激素高的人成為強姦犯或病態性侵害者的風險較高等等。這些不利的神經生物因素 90% 以上都是透過遺傳（隱性、顯性）而來的。如果具有這些不利生物因素的個體，在早期成長環境中遭受了重大的心靈創傷（如虐待、忽視、拋棄，或者重大的情感喪失），他的前景就不容樂觀。也

窺探：潛藏於病態人格的極致危機

就是說，他們很可能在年幼時就已經埋下了仇恨的種子，只等青春期時誘發事件下的爆發了！

《Mouse》這部電視劇講述的不只是犯罪基因，還涉及一些法律法規和倫理道德之間的關係，它拋出的問題很有挑戰性。比如，如果可以透過基因檢測確定胎兒為精神病患者，你是否選擇把孩子生下來？這是非常具有爭議性的倫理問題。

這樣看來，確實有極少數人天生地比別人更為危險，那麼，是不是就像電視劇裡演的那樣，可以提前檢測出來並進行治療或介入呢？對於這個問題，目前理論上可以嘗試討論，但難以付諸實踐。

為什麼呢？

首先，當前神經犯罪學的理論，在證據層面並沒有達到系統化、穩定的水準。也就是說，這個領域還存在著一些尚未完全確定的狀況，比如戰鬥者基因是明確的生物指標，但是如果攜帶這個基因的人年幼時的成長環境很好，那麼，正向的情感就完全可以降低其犯罪的風險，甚至將其攻擊性轉化到進取心或創造性方面，使其成為追求成功的動力。

其次，個體之間的差異、相應的法律制度及監管機制、倫理道德等方面並沒有統一的標準。那如何能在實踐中進行這種介入呢！

可見，《Mouse》中的司法介入做法只能是一種假想。

但是，現實中有沒有這種嘗試的衝動和努力呢？

英國著名的神經犯罪學家艾德里安‧雷恩（Adrian Raine）透過調查研究發現，22%的謀殺案是那些刑滿釋放的暴力犯所為。因此他設計出了一個暴力犯罪的預先介入計畫──龍布羅梭計畫（Lombroso Program）。

龍布羅梭（Lombroso）是義大利犯罪學家，實證犯罪學派的代表人物，也是天生犯罪人假說的首創者。他透過自己的實際觀察和檢測得出結論，認為天生犯罪人在慣犯中占三分之二以上。他認為這些人是原始野蠻的犯罪人，是透過遺傳而來的犯罪者。100多年之後的神經犯罪學家雷恩把自己的介入計劃取名為龍布羅梭計畫，就是隱含地承認天生犯罪人、危險的病態人格者的存在。

實際上，此介入計畫的真正名稱是《防範謀殺的主動性法案：對罪犯篩選的腦研究計畫》（*Lombroso Program, Legal Offensive on Murder: Brain Research Operation for the Screening of Offenders*）。這個構想包括暴力風險程度檢測、兒童健康篩選計畫、準生證制度等具有挑戰性的做法，他認為完全可以藉助這些方法找到犯罪的生物學指標，也可以大大降低暴力犯罪率。這個計畫中，有的還真不是單純的構想。比如，美國的阿拉巴馬州在2019年10月就通過了法律，對犯強姦罪

的慣犯實施節育手術，否則就必須永遠被監禁，不得回歸社會。再比如對強姦幼女的強姦犯實施化學閹割的做法在不少國家已經成了明確的刑法規定。這些就不是設想了，而是現實的做法，是提前介入的實施方案。

科學的進步讓我們看到極少數病態犯罪的動力來源，尤其是對反社會人格者和精神病態者的神經學實證研究成果，這確實讓我們有了更多的有效方法對潛在風險罪犯進行提前介入，這其中就包括神經治療的策略。

但是，在這條探索的道路上，仍然有許多棘手的問題需要解決，如系統化的因果證據及有效而穩定的介入對策、介入技術等。

我們相信，魔高一尺，道高一丈！現代應用犯罪心理學及其相關科學技術的進步，一定能在打擊犯罪、預防犯罪、矯正罪犯心智方面提供越來越可信賴的協助！

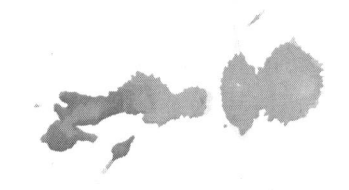

附錄
犯罪風險：犯罪傾向指數檢測

請測試者如實回答以下假設性的情境問題：

（請在三分鐘時間內快速完成作答）

1. 我很確信地知道，在同年齡人中，很難見到比我帥氣、能力比我強的人。

 A. 不符合

 B. 不確定

 C. 完全符合

2. 我是一個獨一無二的人，我應該擁有絕對的控制權，而不需要服從其他人的什麼權威或規則。

 A. 不符合

 B. 不確定

 C. 完全符合

3. 看到別人虐待小動物時，我也有一種難以言狀的衝動和興奮感。

 A. 不符合

B. 不確定

C. 完全符合

4. 我認為，道德規範只是強者為弱者設定的約束規則。

　　A. 不符合

　　B. 不確定

　　C. 完全符合

5. 如果我犯下了什麼大的過錯，那肯定是因為不利的外界環境、不恰當的規則，或者其他人的原因造成的。

　　A. 不符合

　　B. 不確定

　　C. 完全符合

6. 我認為只要實現自己設定的目標，採取什麼手段並不是太重要。

　　A. 不符合

　　B. 不確定

　　C. 完全符合

7. 我時常會想像一種鮮血淋漓的場景，期間我並不會感覺到別人所說的恐懼，反而有一種難以名狀的欣快感。

　　A. 不符合

B. 不確定

C. 完全符合

計分標準：

A：0分

B：1分

C：3分

犯罪傾向等級對照表

總分	犯罪傾向等級	潛在犯罪風險
0～3	0級	無犯罪風險
4～6	1級	輕度犯罪風險
7～9	2級	中度犯罪風險
10～21	3級	高度犯罪風險

不同等級犯罪傾向說明：

0級：無犯罪風險

- 犯罪心理傾向：無或者極低
- 核心人格特質：寬容、忍讓、平和
- 認知與情感均衡，客觀而理智。
- 心地善良而心態穩定。
- 過於自我克制，常常成為受氣者，或委曲求全。
- 自身受到的傷害多於對外攻擊的破壞性。

附錄　犯罪風險：犯罪傾向指數檢測

- 犯罪傾向心理機制：挫折 —— 憤怒 —— 攻擊
- 犯罪風險類型：報復（反抗）型犯罪或情景性衝突

1 級：輕度犯罪風險

- 犯罪心理傾向：嫉妒犯罪
- 核心人格特質：中等以上真誠度
- 內心原則性強，質樸、情感細膩。
- 多數情況下，情感的力量大於理性。
- 待人和善，具有較好的親和力。
- 有時過於相信他人。
- 犯罪傾向心理機制：嫉妒 —— 憤怒 —— 攻擊
- 犯罪風險類型：情緒 —— 情感型犯罪

2 級：中度犯罪風險

- 犯罪心理傾向：衝動型犯罪
- 核心人格特質：直爽、情緒化
- 對人坦誠；雷厲風行。
- 認知偏於激進，多屬情緒化認知模式。
- 衝動性的行為習慣，不喜歡陰謀詭計。
- 犯罪傾向心理機制：偏激 —— 衝動 —— 攻擊
- 犯罪風險類型：反應性（情緒性）犯罪，熱血犯罪、激情犯罪

3 級：高度犯罪風險

- 犯罪心理傾向：偏執性、反社會性犯罪
- 核心人格特質：自恃精明與強烈的自我中心傾向
- 行為注重修飾性，表演才能較強。
- 有強烈的進取心與對外攻擊性；
- 強烈的自戀傾向，行為風格獨特，內心強大。
- 精於目標策略，手段乾脆俐落，不留後患。
- 對冷靜理性的需求大於親密情感的需求。
- 有超強者的意識，不畏權威與危險，敢突破規則，處理問題絕不拖泥帶水。
- 各種情形下都能很好地照顧自己的利益。
- 犯罪傾向心理機制：主動策劃的目標取向 —— 攻擊
- 犯罪風險類型：掠奪性（工具性）犯罪，冷血犯罪、精心計謀犯罪

說明：

由 0 級到 3 級，犯罪風險漸漸升級。

由 0 級到 3 級，從行為人由易受傷害向對外攻擊演化。

犯罪傾向心理機制解析的內容是犯罪心理演化過程的核心力量與歷程。

犯罪者的人格特質是驅動犯罪風險的內在原因。

附錄　犯罪風險：犯罪傾向指數檢測

犯罪風險是潛在的犯罪傾向，並非現實的犯罪行為，犯罪行為受到主體犯罪決策與社會環境、犯罪情景等因素的共同作用。

特別提醒：

此檢測為一般的描述性推測，並非精確的判斷，僅供學習者自測參考與自我檢查。

物有其本，事有其源。

回頭看多遠，向前才能走多遠。

對犯罪人心理的探索，也是對自我心靈的深刻反觀！

國家圖書館出版品預行編目資料

關鍵報告，殺人腦可以被預測：天生壞種，還是後天養成？犯罪心理學 × 神經科學 × 精神分析，直擊潛伏在人群中的病態人格 / 劉建清著. -- 第一版 . -- 臺北市：沐燁文化事業有限公司, 2025.08
面；　公分
POD 版
原簡體版題名：犯罪心理
ISBN 978-626-7708-57-6(平裝)
1.CST: 犯罪心理學 2.CST: 犯罪行為 3.CST: 犯罪動機
548.52　　　　　　　　　114010732

關鍵報告，殺人腦可以被預測：天生壞種，還是後天養成？犯罪心理學 × 神經科學 × 精神分析，直擊潛伏在人群中的病態人格

作　　者：劉建清
發 行 人：黃振庭
出 版 者：沐燁文化事業有限公司
發 行 者：崧燁文化事業有限公司
E - m a i l：sonbookservice@gmail.com
粉 絲 頁：https://www.facebook.com/sonbookss/
網　　址：https://sonbook.net/
地　　址：台北市中正區重慶南路一段 61 號 8 樓
8F., No.61, Sec. 1, Chongqing S. Rd., Zhongzheng Dist., Taipei City 100, Taiwan
電　　話：(02) 2370-3310　　傳　　真：(02) 2388-1990
印　　刷：京峯數位服務有限公司
律師顧問：廣華律師事務所 張珮琦律師

-版權聲明-

原著書名《犯罪心理》。本作品中文繁體字版由清華大學出版社有限公司授權台灣沐燁文化事業有限公司出版發行。
未經書面許可，不得複製、發行。

定　　價：450 元
發行日期：2025 年 08 月第一版
◎本書以 POD 印製
Design Assets from Freepik.com